ROUTES ET DÉROUTES
POUR UN MEILLEUR BILAN ROUTIER AU QUÉBEC

Jean-Marie De Koninck

LES ÉDITIONS
voix para//è/es

Catalogage avant publication de Bibliothèque et Archives nationales du Québec et Bibliothèque et Archives Canada

De Koninck, Jean-Marie, 1948-

    Routes et déroutes
    ISBN 978-2-923491-19-6

    1. Sécurité routière - Québec (Province). 2. Accidents de la route - Québec (Province). 3. Automobilistes - Québec (Province) - Attitudes. I. Titre.

HE5614.5.C2D42 2010   363.12'509714   C2010-940362-2

Auteur
Jean-Marie De Koninck

Éditeur délégué
Yves Bellefleur

Révision linguistique
Karine Bilodeau

Concepteur graphique couverture
Benoît Marion, Cyclone Design

Concepteur graphique intérieure
Bernard Méoule

Infographie
Claude Baillargeon

Dépôt légal – Bibliothèque et
Archives nationales du Québec, 2010
Dépôt légal – Bibliothèque et
Archives Canada, 2010
2ᵉ trimestre 2010

ISBN : 978-2-923491-19-6
Imprimé et relié au Québec

L'éditeur remercie le gouvernement du Québec pour l'aide financière accordée à l'édition de cet ouvrage, par l'entremise du Programme de crédit d'impôt pour l'édition de livres, administré par la SODEC.

L'éditeur bénéficie du soutien de la Société de développement des entreprises culturelles (SODEC) pour son programme d'édition et pour ses activités de promotion.

L'éditeur reconnaît l'aide financière du gouvernement du Canada, par l'entremise du Programme d'aide au développement de l'industrie de l'édition (PADIÉ), pour ses activités d'édition.

LES ÉDITIONS
voix para//è/es

Président
André Provencher

7, rue Saint-Jacques
Montréal (Québec)
H2Y 1K9

Tél. : 514 285-4428

TABLE DES MATIÈRES

Remerciements   6

Introduction   7

I. D'abord, un peu d'histoire   11

    Comment tout cela a-t-il commencé?   11

    Une croissance exponentielle   12

    Quelques dates importantes dans les « progrès » de l'automobile   15

    Pourtant, à l'époque, on n'était pas si pressé   16

    L'assurance automobile au Québec   17

    Quelques moments importants dans l'histoire de la sécurité
routière au Québec   18

    L'évolution du bilan routier au Québec de 1973 à 2009   20

    Why not do like the Americans?   23

II. Les usagers de la route et leurs habitudes   27

    Faut-il vraiment attendre que jeunesse se passe?   27

    Si jeunesse savait et si vieillesse pouvait!   30

    Un univers sur deux roues   31

    La revanche des cyclistes et des piétons   32

    Les véhicules lourds   37

III. Ce que la science nous apprend   41

Conduire un véhicule, est-ce vraiment si facile?   41

Quelle est la tâche la plus complexe que vous avez effectuée
aujourd'hui?   42

Meilleurs conducteurs ou progrès de la technologie et de la médecine?   43

La probabilité de devenir une victime de la route   46

Est-on vraiment fait pour rouler au-delà de 30 km/h?   47

Pas si vite, mon oncle!   48

Avez-vous aimé le film *Un homme d'exception*?   52

Allô! Allô! Y a-t-il quelqu'un au volant?   54

Meilleur en maths, meilleur sur la route?   60

Qui m'aime me suive... mais de loin!   64

Qu'ont en commun l'alcool, la vitesse et le cellulaire au volant?   66

Prendre un p'tit coup c'est agréable!   68

Le conducteur gelé...   73

La marche avec les facultés affaiblies   74

Au lit... conducteur fatigué   75

Êtes-vous attaché à la vie?   76

Rouler sur quatre cartes postales   78

La quatrième cause de décès sur les routes :
une lutte chaudement disputée!   81

Les mathématiques à la rescousse de l'engorgement des autoroutes   82

IV. Les attitudes de tout un chacun   85

Quand la réalité défie l'intuition   85

« C'est pas moi, c'est les autres! »   88

« Je suis contre! »   90

« Touchez pas à ma routine! »   92

Deux écoles de pensée   93

Le pouvoir des mots   94

La vision zéro, une autre façon de penser 95

Et que tout le monde en parle! 96

Le paradoxe des cours de conduite préventive
et la théorie de l'homéostasie 97

Connaissez-vous votre facteur de risque? 100

La roulette russe de l'automobiliste téméraire 102

La mission impossible des forces policières 103

V. Écologie et transport alternatif 105

Les avantages des voitures électriques et hybrides 105

Mais qu'est-il donc advenu de la voiture électrique? 106

L'écologie au service de la sécurité routière 107

Roulez moins vite et devenez riche! 107

Êtes-vous un adepte de l'« hyperkilométrage »? 108

Le transport en commun 109

VI. L'avenir et les innovations 113

Le carrefour giratoire, une solution innovatrice 114

Les radars photo 116

Les voitures et les routes intelligentes 117

Les systèmes de transport intelligents 120

Du coussin gonflable à la ceinture gonflable! 120

Chinoiserie piétonnière 121

Québec innove! 122

Que prédit la boule de cristal? 124

Questionnaire sur la sécurité routière 125

Réponses et explications 129

Bibliographie 135

Index 141

REMERCIEMENTS

Ce volume n'aurait pu voir le jour sans la collaboration du ministère des Transports du Québec et de la Société de l'assurance automobile du Québec, qui ont accepté de fournir la documentation pertinente aux différents thèmes abordés dans cet ouvrage. Je tiens également à remercier Stéphanie Cashman-Pelletier, Louise Charron, Élisabeth Cyr, Stéphane Dostie et Mélanie Dubé, qui ont tous, chacun à leur façon, apporté une contribution importante à la réalisation de ce livre.

Jean-Marie De Koninck

INTRODUCTION

Le territoire du Québec est immense : il fait trois fois celui de la France et le carburant y est environ deux fois moins cher que celui vendu en Europe. Tout est là pour favoriser la mobilité des Québécois et des produits de consommation. Avec plus de 200 000 kilomètres de route, plus de 5 600 000 véhicules immatriculés et 4 900 000 titulaires de permis de conduire, les Québécois sont parmi les personnes les plus mobiles au monde pour ce qui est des kilomètres parcourus. Or, cette mobilité a un prix, un prix en tragédies humaines. Toutes les douze minutes, un Québécois est tué ou blessé sur nos routes et, annuellement, tout près de 600 personnes perdent la vie dans un accident de la route.

Cette mobilité a un nom : l'automobile. Depuis le milieu du XXe siècle, l'être humain a développé une dépendance démesurée à l'automobile et il peine à l'avouer. Le confort et le sentiment de liberté que nous procure l'automobile nous empêchent de réaliser à quel point cette dernière a transformé nos vies, au point de modifier nos valeurs.

L'emprise qu'exerce l'automobile sur nos agissements est fascinante. Certains diront qu'elle est le prolongement de notre personnalité. Certes, la voiture moderne est bien plus qu'un moyen de transport, c'est aussi un symbole de notre autonomie, de notre pouvoir, une incitation à la performance, un objet d'affirmation esthétique, voire artistique. Évidemment, les constructeurs automobiles sont parfaitement conscients de cette réalité et ils l'exploitent au maximum dans le marketing de leurs produits, étant parfaitement au fait du profil de leurs acheteurs potentiels. Les publicités sont donc très chargées en émotions et conçues pour nous séduire en exploitant nos besoins innés d'indépendance, d'aisance et de recherche de la performance.

La voiture d'aujourd'hui nous offre un environnement confortable et insonorisé qui renforce notre individualité et nous procure un faux sentiment de sécurité. Alors que l'industrie de l'automobile, que l'on pourrait croire soucieuse des préoccupations écologiques de notre société moderne, devrait mettre en perspective les avantages de l'automobile et encourager les autres options — comme le transport collectif –, elle s'efforce plutôt de nous convaincre que la voiture est une nécessité qui nous permettra de répondre pleinement à tous nos besoins de mobilité. C'est pourquoi les publicités qui valorisent les aspects sécuritaires et écologiques sont peu nombreuses. Elles tentent plutôt de nous faire croire que nous sommes invincibles, que la route nous appartient et que rien ne peut nous arrêter. C'est ainsi qu'au volant d'une voiture, nous devenons impatients, intransigeants et souvent très agressifs. Pourtant, en marchant sur un trottoir, il ne nous viendrait jamais à l'idée d'interpeller un piéton qui nous aurait « doublé » : on s'y comporte généralement de façon plutôt civilisée et la courtoisie est de mise. À l'opposé, dans son « char », le Québécois se sent souvent comme dans un char d'assaut, s'empressant de se frayer un chemin dans le trafic pour arriver le plus rapidement possible à destination. Comme le relate la psychologue Annette Schäfer[1], il semble de plus en plus clair que l'isolement dans le véhicule contribue à transformer des congénères paisibles en voyous de la route. L'anonymat et le manque de contact humain conduisent à l'agressivité. Le fait que des scientifiques aient trouvé que les conducteurs sont généralement moins agressifs dans une voiture décapotable semble venir appuyer la thèse des effets négatifs de l'isolement. En effet, Patricia Ellison-Potter[2] a observé, dans une étude effectuée avec 289 personnes, que le comportement des sujets au volant d'une voiture décapotable (avec toit ouvert ou fermé) était nettement plus responsable que celui des sujets qui conduisaient un véhicule traditionnel, comme si l'isolement était moins marqué à bord d'une voiture sans toit rigide.

Comme nos vies sont de plus en plus axées sur la performance et la productivité, nous devons tous composer avec un certain niveau de stress. Derrière le volant, ce stress nous accompagne et nous incite à vouloir rouler de plus en plus vite, nous croyons ainsi, à tort, économiser beaucoup de temps. Le fait est qu'en accélérant, on augmente encore une fois notre niveau de stress et on se plonge nous-mêmes dans un cercle vicieux. Comme on peut rouler des milliers de kilomètres sans avoir d'accident, certains croient que rien ne peut leur arriver. C'est alors que la confiance prend le dessus sur la raison et que plusieurs conducteurs courent de plus en plus de risques. Malheureusement, tôt au tard, la loi des probabilités – qui pardonne rarement – va finir par les rattraper, avec parfois des conséquences regrettables.

Trop souvent, la perception du grand public est que les tragédies de la route sont dues à la fatalité et donc qu'on ne peut y échapper. Pourtant, un examen des causes des accidents démontre clairement que de 85 % à 90 % d'entre eux sont dus au facteur humain, ce qui signifie que près de neuf accidents sur dix pourraient être évités. Par conséquent, si le citoyen ordinaire était mis au courant des véritables causes des accidents de la route, s'il était davantage informé, il y a tout lieu de croire que la raison pourrait triompher des perceptions et créer les conditions favorables à un meilleur bilan routier. Dans cet ouvrage, notre objectif est d'exposer aux différents usagers de la route des données inattendues sur les véritables causes des accidents de la route, des données qui frappent l'imagination et qui donnent à réfléchir.

Plus précisément, on verra qu'habituellement, on surestime notre habileté à conduire sans risque un véhicule motorisé, alors qu'on sous-estime les dangers auxquels nous sommes exposés sur les routes.

Nous voulons en particulier mettre en évidence les contradictions qui nous animent comme automobilistes, cyclistes ou piétons, et qui expliquent en grande partie le nombre considérable de tués et de blessés graves sur nos routes.

Nous allons démontrer que chacun d'entre nous a une probabilité de 39 % de devenir une victime de la route au cours de sa vie. Cette probabilité peut même passer à 80 %, voire 90 % chez ceux qui adoptent une conduite plus à risque. Nous proposons d'ailleurs à cet effet une formule mathématique qui permettra à chacun de calculer assez facilement son « facteur de risque personnel ».

Nous ne prétendons pas par cet ouvrage présenter une analyse exhaustive de la problématique entourant les routes du Québec et leurs usagers. Notre intention est plutôt de susciter quelques réflexions autour de nos pratiques et de nos attitudes.

CHAPITRE 1

D'abord, un peu d'histoire

Comment tout cela a-t-il commencé?

En 1807, le Suisse François Isaac de Rivaz a inventé le moteur à explosion (aussi appelé moteur à combustion interne). Trente ans plus tard, l'Étasunien Thomas Davenport déposait un brevet pour le premier moteur électrique. Ces inventions allaient révolutionner nos modes de transport.

Aujourd'hui, c'est la voiture à essence qui occupe près de 100 % du marché de l'automobile, ce qui n'était pas le cas il y a cent ans.

Vers la fin du XIXᵉ siècle, trois modes de propulsion permettaient de faire avancer les véhicules automobiles : le moteur à explosion (c'est-à-dire le moteur à essence), le moteur électrique (c'est-à-dire fonctionnant avec des batteries au plomb) et le moteur à vapeur. Or, à l'époque, c'est la voiture électrique qui était la plus populaire. Elle l'était encore au début du XXᵉ siècle, en particulier en France et aux États-Unis. Elle s'avérait fort commode comme taxi pour le transport urbain, même parmi les calèches et les autres véhicules tirés par des chevaux, et qu'importe si les batteries pesaient quelques centaines de kilogrammes à l'époque : on pouvait les recharger dans des stations prévues à cet effet!

Dès 1899, un ingénieur belge, Camille Jenatzy, allait réaliser une performance exceptionnelle avec une voiture électrique! Celui qu'on surnommait « le Diable Rouge », en raison de sa barbe rousse, était de la longue liste d'ingénieurs ayant participé au progrès technologique de la voiture électrique. Sa « Jamais Contente » (ce n'était pas sa femme, mais plutôt le surnom qu'il avait donné à sa voiture), allait en cette fin du XIXe siècle devenir la voiture la plus rapide du monde. En effet, le 1er mai 1899, l'ingénieur s'installait au volant de sa monoplace et se lançait sur la route d'Achères, en France. Il réussit à atteindre la vitesse record de 105,88

La Jamais Contente

km/h; pour la première fois, une voiture dépassait les 100 km/h.

Une croissance exponentielle

Partout en Occident, entre 1890 et 1910, les voitures à moteur (électrique ou à explosion) ont progressivement remplacé les voitures tirées par des chevaux. C'est toutefois en Amérique du Nord que la croissance du parc automobile fut la plus impressionnante, comme en fait foi le tableau suivant :

Année	Nombre approximatif de voitures
1900	8 000
1905	77 000
1910	181 000
1915	2 300 00
1920	8 000 000
1945	26 000 000
1975	100 000 000
2000	300 000 000

Les chiffres pour le monde entier sont moins connus, principalement en raison du manque de données provenant de la Chine et de l'Inde. C'est donc pour éviter de commettre des erreurs qu'on ne peut utiliser une règle de trois et extrapoler les chiffres du tableau ci-contre, spécifiques à l'Amérique du Nord, pour estimer le nombre de véhicules dans le monde. Voici tout de même un ordre de grandeur calculé à partir des données des principaux pays industrialisés, depuis l'an 1970 jusqu'à récemment, avec une projection pour 2030 :

Évolution du nombre de véhicules à moteur dans le monde entier

Année	1970	1990	1997	2030
Nombre approximatif de voitures	200 000 000	500 000 000	600 000 000	1 200 000 000

Curieusement, en 2008, ce n'était pas en Amérique du Nord que l'on fabriquait le plus de véhicules à moteur, mais plutôt en Asie. Les plus grands constructeurs d'automobiles se trouvaient au Japon, aux États-Unis et en Allemagne. En 2007, soit avant la crise du secteur de l'automobile que l'on a vécue en 2008 et 2009, l'Asie produisait 29 000 000 de voitures, l'Europe occidentale, 16 921 000 et les États-Unis, 10 780 000. Le Canada participe également à cette industrie puisque jusqu'en 2008, les deux plus importantes usines de General Motors étaient au Japon et à Oshawa en Ontario. Celle d'Oshawa produisait presque deux voitures chaque minute et 80 % de sa production était acheminée vers les États-Unis. Selon les données d'Industrie Canada, la valeur des expéditions de notre industrie de l'automobile est passée de 47,9 milliards de dollars en véhicules et de 21,1 milliards de dollars en pièces, en 1996, à 59,8 milliards de dollars en véhicules et à 28,5 milliards de dollars en pièces en 2006, soit des augmentations de 25 % et 35 %, respectivement. Les données préliminaires pour l'année 2009 révèlent que c'est la Chine qui a produit le plus de véhicules, soit plus de 13,6 millions par opposition à 10,4 millions aux États-Unis.

La popularité de l'automobile a rapidement changé nos vies en facilitant nos déplacements, mais cela a eu pour conséquence de nombreux accidents, trop souvent mortels. En fait, le premier décès causé par un véhicule automobile serait survenu à Londres en 1896.

Depuis, les accidents de la route ont fait environ 30 millions de morts. Le nombre de décès sur les routes a donc connu, tout comme le nombre de véhicules à moteur, une croissance exponentielle, et les choses ne vont pas nécessairement en s'améliorant. Si, en 1990, les accidents de la route étaient la neuvième cause de décès ou d'invalidité, on prévoit qu'en 2020 ils en seront la troisième, comme en fait foi le tableau suivant.

Principales causes de décès dans le monde

1990	2020
1. Infection des voies respiratoires	1. Troubles cardiaques ischémiques
2. Diarrhée	2. Dépression majeure
3. Décès périnatal	3. Accidents de la route
4. Dépression majeure	4. Troubles cérébrovasculaires
5. Troubles cardiaques ischémiques	5. Maladies
6. Troubles cérébrovasculaires	6. Infections des voies respiratoires
7. Tuberculose	7. Tuberculose
8. Rougeole	8. Guerre
9. Accidents de la route	9. Diarrhée
10. Anomalie congénitale	10. SIDA

Selon l'OMS, à l'échelle mondiale, le nombre de décès dans des accidents de la route se chiffrait, en 2006, à 1,27 million. Il s'agit là d'un important problème de santé publique qui constitue un lourd fardeau pour les systèmes de santé. On s'attend à ce que le nombre de décès sur la route continue à croître au cours du XXIe siècle pour se chiffrer à près de 2,4 millions en 2030. Ajoutons qu'en 2004, les accidents de la route étaient la première cause de décès chez les 15-29 ans. Enfin, outre les vies humaines, on estime le coût annuel des accidents de la route dans le monde à environ 517 milliards de dollars.

Sur les routes du Québec, l'année la plus meurtrière fut 1973, avec 2 209 décès. En 2001, ce nombre avait chuté à 610, et ce, malgré une augmentation de 86 % du nombre de titulaires de permis de conduire (de 2 441 515 en 1973 à 4 545 461 en 2001) et une croissance du nombre de véhicules en circulation (de 2 265 471 en 1973 à 4 762 691 en 2001). Il ne fallait pas crier victoire trop vite puisqu'à compter des années 2000, on a observé une tendance à la hausse du nombre de décès sur les routes. En effet, ce nombre est graduellement remonté à 721 en 2006, pour ensuite, en 2007, année de la sécurité routière, redescendre à 621 décès et à 557 en 2008. Nous présenterons en pages 22 à 26 une analyse plus fine de l'évolution du bilan routier québécois en le comparant à celui de quelques autres pays.

Quelques dates importantes dans les « progrès » de l'automobile

Vers la fin du XIXe siècle, l'automobile était essentiellement considérée comme le jouet des riches. C'est principalement Henry Ford, au début du XXe siècle, qui l'a démocratisée pour en faire un moyen de déplacement utilitaire et accessible pour le citoyen ordinaire. Depuis ce moment, l'automobile a beaucoup évolué. À défaut de présenter une histoire approfondie de son évolution, voici tout de même quelques dates importantes de ce que certains seraient tentés d'appeler les « progrès » de l'automobile.

- 1807 : Invention du moteur à explosion.
- 1837 : Invention du moteur électrique.
- 1862 : Invention par l'ingénieur français Alphonse Beau de Rochas du moteur à quatre temps (admission, compression, inflammation-détente et échappement), dont sont équipées la plupart des automobiles contemporaines.
- 1895 : Première voiture équipée de pneus par Michelin.
- 1896 : Début de l'industrialisation de la production automobile.
- 1898 : Fabrication par Louis Renault d'une voiturette munie d'une boîte à trois vitesses.

- 1899 : Jenatzy dépasse les 100 km/h au volant d'une voiture électrique qu'il a baptisée « La Jamais Contente ».
- 1905 : Invention de la traction (roues avant).
- 1913 : Introduction de la chaîne de montage mobile.
- 1913 : Production industrielle de la Ford T (Henry Ford).
- 1919 : Première taxe sur l'essence (Oregon, États-Unis).
- 1935 : Premier parcomètre (Oklahoma City, États-Unis).
- 1940 : Premières voitures avec une boîte de vitesses automatiques (Oldsmobile).
- 1952 : Première direction assistée (Power steering) sur les voitures Chrysler.
- 1953 : Premiers freins à disque (Jaguar).
- 1959 : Invention de la ceinture de sécurité fixée en trois points (Volvo).
- 1981 : Commercialisation des coussins gonflables par Mercedes.
- 1995 : Premier GPS dans une voiture (Renault).
- 1995 : Premiers autobus équipés de piles à combustible (Ballard et Mercedes).
- 2013 : (prévision) Antidémarreur éthylométrique passif comme équipement standard dans tous les véhicules neufs vendus en Suède.

Pourtant, à l'époque, on n'était pas si pressé

Au temps des premières automobiles, les calèches et les bicyclettes étaient encore à la mode. Si bien que la plupart des déplacements se faisaient encore à très basse vitesse.

Ainsi, dans la loi concernant les véhicules-moteurs de la province de Québec, sanctionnée le 9 mars 1906, on peut lire :

(à l'article V.24.3) La vitesse de tel véhicule-moteur dans les villes et les municipalités régies par le Code municipal, entre la tombée de la nuit et le jour, ne doit pas être plus grande que six milles à l'heure [10 km/h].

(à l'article V.27) Un véhicule-moteur ne peut être conduit à une vitesse plus grande que six milles à l'heure [10 km/h] dans les limites d'une cité, d'une ville ou d'un village, ni à une vitesse plus grande que quinze milles à l'heure [25 km/h] dans toute autre localité.

(à l'article V.28) En approchant d'un angle aigu de chemins, un pont ou une descente raide dans un chemin public, ou de l'intersection de chemins et de traverses, la vitesse du véhicule-moteur doit être réduite à quatre milles à l'heure [7 km/h] et un signal donné en approchant d'un tournant du chemin public.

L'assurance automobile au Québec

À la fin des années 1970, Lise Payette, alors ministre des Consommateurs, Coopératives et Institutions financières, allait relever tout un défi. Rappelons d'abord qu'en 1977, c'est au Québec qu'on trouvait les primes d'assurance les plus élevées au Canada, alors que le tiers des automobilistes québécois ne recevaient pas d'indemnités après un accident et que le quart d'entre eux n'avaient même pas d'assurance. Or, après l'élection de novembre 1976, Lise Payette avait reçu de René Lévesque la mission d'honorer une promesse électorale : celle d'étatiser l'assurance automobile au Québec, tant en ce qui avait trait aux dommages corporels qu'aux dommages matériels. La ministre s'était heurtée à l'époque à une féroce opposition de la part des assureurs, des courtiers et des avocats, lesquels tiraient davantage profit de l'ancien système. Même les députés de son propre parti s'opposaient à cette réforme, craignant une réaction négative de la population. Contre vents et marées, donc, la ministre s'était montrée déterminée à mener son projet de l'avant. La seule concession qu'elle fit en cours de route fut de céder l'assurance pour les dommages matériels au secteur privé. Enfin, le 21 décembre 1977, le Québec adoptait le premier régime d'assurance *no fault* en Amérique du Nord, lequel était alors financé par les maigres 13 $ que coûtait alors le permis de conduire.

Dans le cadre de la série télévisée *Tout le monde en parlait* diffusée sur les ondes de Radio-Canada, le 8 août 2006, on a raconté la réaction de la ministre le 1er mars 1978, soit le jour de l'entrée en vigueur de la «Loi sur la Régie de l'assurance automobile du Québec». Ce jour-là, elle était à la fenêtre de son bureau : elle regardait dehors... Il faisait tempête, une de ces tempêtes de neige comme on en voit souvent au Québec! Or, qui dit tempête dit risque d'accident. Elle demeurait à la fenêtre parce qu'elle anticipait des accidents sur la route qui mettraient à l'épreuve son nouveau système d'assurance! Sur le ton de l'humour, Mme Payette a dit lors de cette entrevue qu'elle avait même « hâte » de voir le premier accident pour savoir si son nouveau système d'assurance allait fonctionner comme elle l'espérait!

Quelques moments importants dans l'histoire de la sécurité routière au Québec

- 1906 : Publication du premier Code de la route, lequel ne comptait alors que quelques pages (aujourd'hui, il contient 300 pages et on y retrouve plus de 700 articles).
- 1914 : Création du ministère de la Voirie (anciennement rattaché au ministère de l'Agriculture), lequel deviendra en 1969 le ministère des Transports du Québec (MTQ); dès 1973, ce ministère intégrera l'ancien ministère de la Voirie.
- 1921 : La conduite « en état d'ivresse » est une infraction au Code criminel (canadien).

- 1955 : Enfin un examen pour obtenir un permis de conduire!
- 1968 : Introduction de la limite de 80 mg d'alcool par 100 ml de sang.
- 1972 : Port obligatoire du casque pour les motocyclistes.
- 1973 : Instauration du système de points de démérite (devenu, en 1990, le système de points d'inaptitude).
- 1976 : La limite de vitesse sur les autoroutes passe de 70 à 60 milles à l'heure.
- 1976 : Le port de la ceinture de sécurité devient obligatoire au Québec pour les passagers assis à l'avant du véhicule; en 1990, il le deviendra pour ceux assis sur la banquette arrière également.
- 1977 : Création de la Régie de l'assurance automobile du Québec, laquelle deviendra en 1990 la Société de l'assurance automobile du Québec (SAAQ).
- 1977 : Adoption du nouveau régime de l'assurance automobile *no fault*, suivie de son entrée en vigueur le 1er mars 1978.
- 1977 : Selon une nouvelle disposition au Code de la route, nul ne peut rouler à une vitesse inférieure à 60 km/h et supérieure à 100 km/h sur les autoroutes du Québec.
- 1978 : On retrouve 2 951 387 véhicules au Québec, 214 410 accidents, 1 765 décès et la devise du Québec, « La belle province », devient « Je me souviens ».
- 1982 : Le casque protecteur pour les cyclomotoristes est obligatoire.
- 1984 : Création d'Opération Nez rouge.
- 1985 : Le projet de loi C-19 voté par le Parlement du Canada augmente la sévérité des peines liées à l'alcool au volant. Ainsi, pour une première condamnation, la peine minimale passe de 50 $ à 300 $ et entraîne une suspension automatique du permis de conduire pour une durée de 3 mois. La SAAQ entreprend alors une campagne de sensibilisation dont le slogan est « L'alcool au volant, c'est criminel, qu'on se le dise! »

- 1987 : Les enfants de moins de 5 ans doivent être installés dans un siège d'auto pour enfants à défaut de porter la ceinture de sécurité.
- 1988 : L'année 1988 est déclarée Année de la sécurité routière; on fait de même en 2007, ce qui amène une baisse de 100 décès sur les routes (de 721 à 621).
- 1997 : Installation d'un antidémarreur éthylométrique dans les véhicules des délinquants.
- 2005 : Création de la Table québécoise de la sécurité routière.

L'évolution du bilan routier au Québec de 1973 à 2009

De 2 209 décès sur les routes du Québec en 1973, on est passé à 610 en 2001. On pouvait tous se féliciter d'un tel progrès. Or, dès 2002, le bilan routier a commencé à se détériorer pour atteindre 721 décès en 2006. À la suite de la motion adoptée par l'Assemblée nationale faisant de 2007 l'Année de la sécurité routière, des campagnes de sensibilisation de la SAAQ et du MTQ, des efforts de tous les partenaires, incluant les forces policières, et, enfin, avec le dépôt du premier rapport de la Table québécoise de la sécurité routière et le projet de loi 42, le bilan routier connaît, depuis 2007, une nette amélioration, comme l'indique le graphique ci-contre.

Évolution du nombre total de décès, du nombre de véhicules
en circulation et du nombre de titulaires de permis (1973-2008)

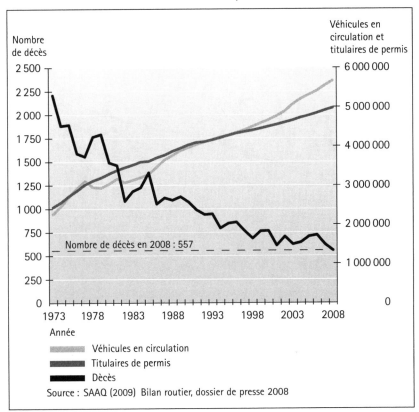

Si le nombre de décès sur les routes du Québec a chuté de 75 %
entre 1973 et 2008, le nombre de victimes ayant survécu au prix de
blessures, lui, a beaucoup moins diminué, comme en fait foi le graphique de la page 22. Serait-ce que la médecine a progressé au point
de diminuer le nombre de décès, mais pas le nombre de victimes?
Y aurait-il d'autres facteurs qui expliqueraient ce phénomène? Cette
problématique sera abordée à la page 43.

Croissance du nombre total de victimes, du nombre de véhicules
en circulation et du nombre de titulaires de permis (1973-2008)

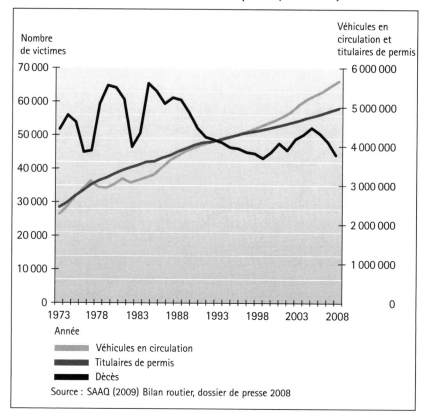

Source : SAAQ (2009) Bilan routier, dossier de presse 2008

Si on se compare à d'autres administrations sur la planète, il y a lieu
de se réjouir du fait que notre bilan routier (7,2 décès par 100 000
habitants) soit parmi les meilleurs. Toutefois, si on compare notre
bilan à celui de l'Ontario, de la Suède, de la Norvège ou des Pays-
Bas (voir ci-contre), on voit qu'il y a encore place à amélioration.

Taux de décès par 100 000 habitants :
comparaison du Québec avec d'autres administrations

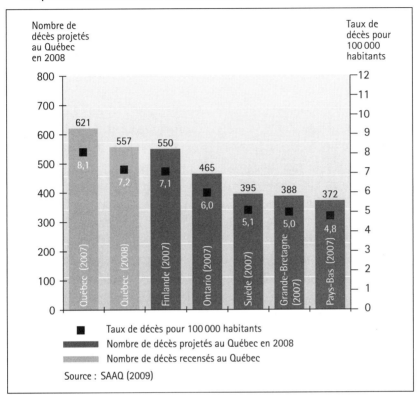

Why not do like the Americans?

Mais oui, pourquoi ne pas faire comme les Étasuniens? Après tout, les États-Unis sont la plus grande puissance du monde! Ils sont les premiers dans plusieurs domaines : ils dominent la conquête spatiale, ils ont les ordinateurs les plus rapides de la planète. Ils doivent certainement avoir les routes les plus sécuritaires!

Pas nécessairement. Bien que de nombreux chercheurs étasuniens s'intéressent à la sécurité routière et malgré le fait que leurs résultats

trouvent des applications partout dans le monde, les autorités étasuniennes en font peu usage sur leur territoire. Si bien que le nombre
de décès sur les routes des États-Unis par 100 000 habitants était de
l'ordre de 13,6 en 2007, soit presque deux fois celui du Québec.
Pourquoi en est-il ainsi? On peut émettre plusieurs hypothèses. Par
exemple, au nom de la liberté individuelle, dans une vingtaine
d'États, les motocyclistes n'ont pas l'obligation de porter le casque.
« *Live free, or die!* », disent-ils. Eh bien, ils meurent! En effet, selon la
National Highway Traffic Safety Administration (NHTSA), 823 vies
auraient été sauvées aux États-Unis en 2008 si tous les motocyclistes
avaient porté le casque, dont 100 en Floride et 120 au Texas.
Toujours au nom des libertés individuelles, le port de la ceinture est
optionnel dans 30 États, avec comme conséquence que le taux de
port de la ceinture est de seulement 83 % sur l'ensemble du territoire
américain, alors qu'il est de 93 % au Québec et de 97 % en France.

Un autre phénomène, celui-là lié aux limites de vitesse chez nos
voisins du sud, est très révélateur des ravages que peut engendrer la
vitesse excessive. On se souviendra de la première crise du pétrole,
celle du début des années 1970, durant laquelle les automobilistes
étasuniens faisaient souvent la queue devant les stations d'essence
et pouvaient parfois attendre des heures avant de pouvoir faire le
plein. Afin de diminuer la demande et sachant qu'en roulant moins
vite, on consomme moins de carburant, le gouvernement du président Jimmy Carter avait ordonné à tous les États de limiter la vitesse
sur les autoroutes à 55 milles à l'heure, c'est-à-dire 88 km/h. Cette
mesure a entraîné une économie considérable d'essence (entre 15 %
et 25 %) pour les automobilistes, comme le souhaitait le gouvernement. Ce que l'on a aussi constaté, et que personne n'avait envisagé,
c'est une diminution significative du nombre de décès sur toutes les
routes des États-Unis.

Plus de deux décennies plus tard, le prix du pétrole étant un peu
plus abordable, les États se sont mis à exercer une pression sur le
gouvernement central afin de décider eux-mêmes des limites de
vitesse sur les autoroutes. C'est ainsi que le 28 novembre 1995, fixer

les limites de vitesse sur les autoroutes est devenu la responsabilité de chacun des États. Sans grande surprise, la plupart des États, eux-mêmes soumis à la pression de leurs citoyens, ont alors choisi de hausser les limites permises. Il s'en est automatiquement suivi une hausse des décès sur les routes. Ainsi, les 18 États qui ont choisi de hausser la vitesse permise à 70 milles à l'heure (soit environ 112 km/h) ont connu, en moyenne, une augmentation du nombre de décès de 19,9 %. Les onze États qui l'ont augmentée à 75 milles à l'heure (soit environ 120 km/h) ont connu une augmentation de 20,1 % des décès.

Cela dit, il est bon de faire valoir deux points en faveur des États-Unis en ce qui concerne la sécurité routière. D'abord, certains États ont pris les mesures nécessaires pour rendre leurs routes plus sécuritaires. C'est le cas du Massachusetts (7,2 décès par 100 000 habitants), de New York (7,7), du Connecticut (8,4) et du New Jersey (8,6), par opposition à certains États ayant un bilan désastreux comme la Floride (18,6) et le Mississippi (30,2). Par ailleurs, dans certains domaines, comme dans celui de la protection des zones scolaires, leur approche est exemplaire, voire sans pitié envers les conducteurs irrespectueux des limites affichées.

Ajoutons que bien que certains États étasuniens aient choisi de ne pas légiférer pour limiter les comportements à risque, le gouvernement fédéral encourage fortement l'ensemble du pays à favoriser les comportements responsables. Ainsi, le gouvernement central offre des mesures incitatives financières aux États qui adoptent des règlements encourageant, par exemple, le port de la ceinture de sécurité, le port du casque de vélo ou l'adoption de limites de vitesse plus raisonnables. En dépit de toutes ces mesures, certains États donnent la priorité à la liberté individuelle au détriment de la sécurité de leurs citoyens.

Mentionnons en terminant que le faible taux de port de la ceinture de sécurité (83 %) que l'on observe chez nos voisins du sud a amené les autorités étasuniennes à pousser les recherches, lesquelles sont arrivées, au début des années 1980, à l'invention du coussin gonflable, un dispositif dont tous les conducteurs et passagers de véhicules à moteur, partout sur la planète, bénéficient aujourd'hui et à plus forte raison s'ils portent la ceinture de sécurité! Comme quoi, l'imprudence des uns peut parfois mener à une plus grande sécurité des autres!

CHAPITRE 2

Les usagers de la route et leurs habitudes

La cohabitation des différents usagers de la route (conducteurs de véhicules de promenade ou de véhicules lourds, motocyclistes, cyclistes, piétons, etc.) est problématique du fait que chacun circule avec trop peu de considération pour les autres : chacun est dans sa bulle! Or, la route est de plus en plus achalandée : des 2 265 471 véhicules que l'on retrouvait sur les routes du Québec en 1973, on est passé à 5 665 272 en 2008. De même, au cours de cette période, le nombre de titulaires de permis est passé de 2 441 515 à quasiment 5 millions. Qui sont donc ces usagers de la route et qu'est-ce qui les distingue les uns des autres?

Faut-il vraiment attendre que jeunesse se passe?

Une des plus importantes catégories d'usagers des routes du Québec est celle des jeunes de 16 à 24 ans. Approximativement 497 000 jeunes de moins de 25 ans détiennent un permis de conduire, ce qui représente environ 10 % de la population des détenteurs de permis. Statistiquement, donc, on devrait s'attendre à ce que ces jeunes soient représentés dans approximativement 10 % des accidents avec blessés, d'autant plus que l'on sait que le jeune de moins de 25 ans parcourt moins de kilomètres annuellement que le conducteur moyen (12 000 km, comparativement à 18 000 km). Or, ils le sont plutôt dans une proportion de 23 % à 24 % annuellement, soit près du quart des accidents avec blessés. À quoi est due cette surreprésentation? On l'attribue essentiellement à deux causes : d'une part, le manque d'expérience de ces jeunes et, d'autre part, leur témérité, qui se traduit par de l'insouciance et une prise de risque plus élevée. À preuve, les jeunes de 16 à 24 ans commettent 35 % des grands excès de vitesse, de même que 82 % des infractions pour « course de rue ». Les conducteurs de la catégorie des 16-19 ans sont encore plus concernés : ne représentant que 3 % de l'ensemble des conducteurs, ils sont impliqués dans 10 % des accidents corporels.

Ce phénomène n'est pas propre au Québec. En effet, un peu partout dans le monde, on obtient essentiellement les mêmes données : les jeunes âgés de 16 à 24 ans sont surreprésentés dans les accidents avec blessés dans une proportion de 1 à 2, et ce, malgré toutes les mesures de sensibilisation et de dissuasion s'adressant plus spécifiquement à eux[3].

Serait-ce dire que ce « sur-risque » chez les jeunes est un phénomène inévitable et qu'il faut tout simplement que « jeunesse se passe » ?

L'expérience démontre qu'à toutes fins utiles, les meilleures mesures pour améliorer le bilan des jeunes sont celles qui sont mises en place pour l'ensemble des automobilistes. C'est du moins ce que prétend Jean Chapelon dans son tout récent ouvrage *La politique de sécurité routière. Derrière les chiffres, des vies*[4]. Par exemple, on sait qu'une grande partie des infractions pour excès de vitesse (plus du tiers) sont commises par des jeunes de moins de 25 ans. Ainsi, l'implantation de radars photo, une mesure très efficace pour diminuer les accidents causés par la vitesse excessive, concerne tous les automobilistes, toutes catégories d'âge confondues. Or, il y a tout lieu de croire que son effet se fera davantage sentir chez les jeunes, puisque ce sont eux qui, dans une proportion de 35 %, reçoivent les infractions pour excès de vitesse.

Faut-il pour autant renoncer à l'idée de mettre sur pied des programmes de sensibilisation et de prévention visant plus particulièrement les jeunes ? Non, car il s'en trouvera toujours parmi eux qui seront à l'écoute. En général, on ne fait pas suffisamment appel à l'intelligence des jeunes. Pourtant, plusieurs d'entre eux comprennent plus vite que les adultes, chez qui les mauvaises habitudes de conduite automobile sont profondément ancrées. Un exemple concret est la lutte contre la conduite avec les facultés affaiblies. Les jeunes comprennent de plus en plus le message voulant que la consommation d'alcool et la conduite automobile ne font pas bon ménage. À preuve, selon les données de la SAAQ, depuis maintenant deux ans, les jeunes de la catégorie 16-24 ans sont les plus grands utilisateurs du « chauffeur désigné ». Cela est particulièrement dû au changement de mentalité qu'a engendré Opération Nez rouge chez la population en général, mais plus particulièrement chez les jeunes, lesquels ont grandi avec Opération Nez rouge et sont d'ailleurs très actifs, en tant que maîtres d'œuvre, dans sa réalisation dans les différentes régions du Québec.

Il ne serait pas équitable de parler du « sur-risque » que représentent les jeunes conducteurs sans mentionner le fait qu'en général, les garçons sont beaucoup plus délinquants que les filles du même âge qu'eux, et ce, dans une proportion de 1 à 3. C'est d'ailleurs pour ne pas pénaliser les filles que la plupart des administrations sur la planète ont renoncé à l'idée de retarder l'âge d'accès au permis de conduire, par exemple en le faisant passer de 16 à 18 ans.

À ceux qui prétendent que l'introduction d'amendes plus salées pourrait freiner la témérité des jeunes au volant, il est bon de rappeler l'article 233 du Code de procédure pénale. Cet article prévoit que lorsqu'un défendeur a moins de 18 ans, aucune amende dont il est passible ne peut excéder 100 $. D'ailleurs, lors de la commission parlementaire sur le projet de loi numéro 42 tenue en décembre 2007, l'Union des municipalités du Québec a recommandé que l'on réévalue cette disposition de la loi.

À défaut d'amendes dissuasives, nos meilleurs atouts pour renverser la tendance et amener les jeunes à renoncer aux comportements à risque sur les routes sont encore l'éducation et la sensibilisation.

Si jeunesse savait et si vieillesse pouvait!

Comme on vient de le voir, les jeunes semblent en général peu conscients des dangers liés à la conduite automobile. Il en est tout autrement pour les personnes âgées. Elles sont pour la plupart très averties des risques auxquels elles sont exposées en prenant le volant. Les aînés savent pour la plupart que le vieillissement s'accompagne habituellement d'une détérioration des habiletés motrices et cognitives, laquelle peut rendre la conduite automobile difficile. Cela dit, ils tiennent à leur permis de conduire comme à la prunelle de leurs yeux, sans doute pour la liberté qu'il leur procure, certains d'entre eux ne pouvant être autonomes dans leurs déplacements sans l'automobile.

En ce début des années 2010, les 65 ans et plus ne représentent pas une catégorie de conducteurs à risque. Leur bilan routier n'est pas plus alarmant que celui des autres catégories de conducteurs (voir le tableau ci-contre). Certes, il faut avouer que le conducteur âgé, par kilomètre parcouru, est aussi à risque que le jeune de la catégorie 16-24 ans. Toutefois, il est moins représenté dans les accidents de la route, car il limite ses déplacements, emprunte des voies moins achalandées, évite de rouler à la noirceur et ainsi de suite.

La situation actuelle n'est donc pas très préoccupante. Cependant, en 2026, les 65 ans et plus représenteront 20 % de la population, contre 12 % en 2010. Ainsi, il y aura bientôt sur les routes davantage de conducteurs âgés, des automobilistes susceptibles de devoir composer avec des déficiences motrices et cognitives importantes. C'est pourquoi il faudrait dès maintenant, en fonction de cette réalité, évaluer les risques encourus au volant. Parallèlement, il est essentiel d'offrir à nos aînés des moyens de transport alternatif adaptés à leurs besoins. Si on arrivait à relever un tel défi, les personnes âgées pourraient préserver leur mobilité tout en se déplaçant de manière plus sécuritaire.

Nombre de conducteurs impliqués dans des accidents par 1 000 titulaires de permis de 2003 à 2008

Catégories	2003	2004	2005	2006	2007	2008
16 à 24 ans	96	96	98	95	96	90
25 à 34 ans	55	54	55	50	51	49
35 à 44 ans	43	43	43	41	41	40
45 à 54 ans	37	36	36	34	35	34
55 à 64 ans	31	31	31	29	29	28
65 à 74 ans	28	28	28	25	26	24
75 ans et plus	37	35	33	32	32	29

N.B. : Il s'agit de tous les accidents, y compris ceux avec dommages matériels seulement.
Source : SAAQ

Un univers sur deux roues

Parmi les 5 millions de véhicules immatriculés qui circulent sur les routes du Québec, un peu plus de 140 000 sont des motocyclettes, lesquelles sillonnent les routes du Québec principalement en période estivale. Ces véhicules sur deux roues ont un net avantage écologique par rapport aux autres véhicules à moteur, soit celui de beaucoup moins polluer l'atmosphère. En effet, une motocyclette pollue environ deux fois moins qu'un véhicule de promenade (5 litres d'essence par 100 km comparativement à 10 pour le véhicule de promenade). Cependant, il s'agit d'un moyen de locomotion dont le risque de blessures graves, lors d'un accident, est plus élevé, pour la simple et bonne raison que les motocyclistes (comme les cyclistes, d'ailleurs) sont plus exposés et, de ce fait, plus vulnérables que les automobilistes, ces derniers étant protégés par un habitacle.

Voici quelques chiffres concernant les motocyclettes. Elles constituent 2,8 % du parc automobile. Ainsi, normalement, la part de décès des usagers de la moto dans le bilan routier devrait être de l'ordre de 2,8 %, se reflétant par 16 morts parmi les 557 de l'année

2008. Or, il y a eu 49 décès chez les motocyclistes en 2008. Si on tient compte du fait que les motocyclistes sont absents des routes pendant au moins six mois de l'année (hiver oblige), c'est dire que circuler à moto nous expose six fois plus à des risques de blessures et de décès que rouler en automobile.

La majorité des accidents impliquant une moto et un autre véhicule à moteur sont causés par l'inattention du conducteur et non pas du motocycliste. En effet, étant donné leur présence relativement faible sur les routes, nous sommes, comme conducteurs, habitués à être moins attentifs aux motos qu'aux voitures (et c'est la même problématique pour les vélos). Notre cerveau est d'une certaine façon conditionné à remarquer les véhicules plus imposants, il s'attend à voir surgir un autre automobiliste à bord d'un bolide avec deux phares et non pas un motocycliste sur un « petit » véhicule à deux roues et un seul phare. Chaque printemps, les usagers de la route doivent se réhabituer à la présence des motocyclettes.

Néanmoins, il est rassurant de constater que le nombre d'accidents impliquant une moto est à la baisse. Au moins deux raisons expliquent cette tendance. D'abord, l'âge des motocyclistes est à la hausse, car les assurances pour motocyclettes étant plus coûteuses, les jeunes n'ont pas les moyens de les payer. Ensuite, les différentes associations de motocyclistes favorisent de plus en plus un comportement responsable de la part de leurs membres.

La revanche des cyclistes et des piétons

La plupart de nos infrastructures routières ont été construites dans les années 1950 et 1960. À cette époque, la principale préoccupation de nos gouvernements, dans une perspective de développement économique, était de favoriser la mobilité des véhicules à moteur. Peu de considération a été accordée aux piétons et aux cyclistes. L'automobiliste était roi et maître! À la fin du XXe siècle, les revendications des écologistes et des promoteurs de l'activité physique se sont fait entendre. C'est alors qu'on a vu apparaître davantage de trottoirs et de passages pour piétons ainsi que de plus en plus de voies cyclables, mais le mal était fait. Les routes occupaient la majeure partie de nos artères de déplacement.

Le comportement délinquant de certains piétons et d'un grand nombre de cyclistes que l'on observe au quotidien (piétons traversant les rues à n'importe quel endroit, à tout moment et cyclistes brûlant les feux rouges sans la moindre hésitation) est une réaction (certes déplorable!) au fait qu'on n'a pas pensé à eux au moment de concevoir nos infrastructures routières et que le risque pour eux d'être interceptés par un policier est pratiquement nul. Sur ce dernier point, comme en fait état le premier rapport de la Table québécoise de la sécurité routière[5], le milieu policier admet que les interventions coercitives auprès des piétons et des cyclistes s'inscrivent rarement au rang des activités quotidiennes des patrouilleurs. Ceux-ci expliquent la situation par la difficulté de faire respecter les règles de circulation dans un contexte où il n'y a pas de consensus social sur une plus grande priorité à accorder aux piétons et aux cyclistes. La conséquence est qu'entre 2004 et 2008, 17 000 piétons et 12 000 cyclistes ont été tués ou blessés. Devant le souci grandissant de la population d'accroître sa pratique d'activité physique comme de diminuer sa dépendance à la voiture en faveur d'autres modes de déplacement plus écologiques, il y a tout lieu de croire qu'il y aura de plus en plus de piétons et de cyclistes sur nos routes à l'avenir, donc de plus en plus de risques d'accidents impliquant ces deux catégories d'usagers[6].

Dans le monde, la situation n'est pas plus reluisante. Ainsi, selon les données les plus récentes compilées par l'OMS, près de la moitié des 1,27 million de personnes qui meurent dans un accident de la route chaque année sont des piétons, des motocyclistes et des cyclistes. Si les occupants des voitures sont beaucoup mieux protégés qu'auparavant, les besoins des usagers vulnérables de nos routes ne sont pas assez pris en compte.

Comment s'y prendre pour favoriser la cohabitation sécuritaire de toutes ces clientèles sur la voie publique? Faudrait-il, comme certains experts le préconisent, les séparer en fournissant à ces trois catégories d'usagers des voies exclusives, délimitées par des terre-pleins? La réponse à ces questions n'est pas simple. Elle représente, en quelque sorte, toute la complexité du partage de la route par des usagers aux idéologies souvent opposées, qui utilisent des modes de locomotion très différents.

De surcroît, l'usager de la route fait souvent preuve d'un comportement paradoxal. En effet, ne vous est-il pas arrivé, au volant de votre véhicule, de fulminer en voyant un piéton vous barrer soudainement la route, puis, quelques minutes plus tard, après avoir soigneusement garé votre voiture, vous en prendre à un automobiliste qui refusait de vous céder le passage alors que vous traversiez la rue à pied? En d'autres mots, le comportement d'un usager de la route est davantage lié à la fonction qu'il occupe (automobiliste, piéton ou cycliste) qu'à ses convictions personnelles. Quoi qu'il en soit, il serait bon de garder à l'esprit que le dénominateur commun du déplacement est le piéton. C'est donc dire que respecter le piéton, c'est se respecter soi-même.

Comme on vient de l'exprimer, le piéton est l'usager de la route le plus vulnérable. Ainsi, par exemple, la probabilité de décès d'un piéton qui se fait heurter par une voiture roulant à 40 km/h est de 30 %. Or, cette probabilité grimpe à 90 % si la vitesse d'impact est de 60 km/h et est de 100 % si la vitesse d'impact est de 80 km/h ou plus. Ces données se reflètent dans le graphique ci-contre.

Probabilité de décès des piétons selon la vitesse d'impact[7]

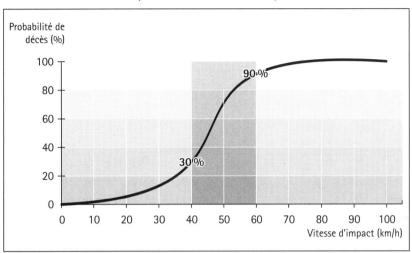

Par opposition aux voitures à moteur et aux motocyclettes, la bicyclette est une activité et un mode de transport qui s'avèrent excellents pour la santé et pour l'environnement.

Les cyclistes ont l'obligation de respecter le Code de la sécurité routière et peuvent recevoir une amende si, en particulier, ils ne respectent pas les feux de circulation ou les arrêts obligatoires. Par ailleurs, les automobilistes ont également l'obligation de considérer les cyclistes comme des usagers à part entière de la voie publique. Ils doivent notamment respecter l'article 341 du Code, selon lequel « le conducteur d'un véhicule routier ne peut dépasser une bicyclette à l'intérieur de la même voie de circulation que s'il a un espace suffisant pour permettre le dépassement sans danger ».

De plus, peu d'automobilistes savent que la loi les autorise à chevaucher une ligne double pour contourner par la gauche un cycliste qui circule le long de l'accotement. En effet, l'article 344 du Code de la sécurité routière stipule que « le conducteur d'un véhicule routier peut franchir une ligne visée à l'article 326.1, dans la mesure où cette manœuvre est effectuée sans danger, pour dépasser un tracteur de ferme ou une autre machine agricole, un véhicule routier muni d'un panneau avertisseur de circulation lente, un véhicule à traction ou une bicyclette ».

Si les cyclistes peuvent déplorer le peu de considération qui leur est accordée par les automobilistes, ils peuvent, en revanche, se réjouir de leur réseau cyclable. Cet itinéraire cyclable, le plus grand en Amérique du Nord, est fait de voies aménagées et généralement balisées qui sillonnent les plus belles régions du Québec. Le Parcours des Anses à Lévis, la Véloroute des Bleuets au Lac-Saint-Jean, la piste de la rue Berri à Montréal ou encore L'Estriade dans les Cantons-de-l'Est, c'est ce qu'on appelle la Route verte. Une fois terminée, elle comptera environ 4 300 km.

Par ailleurs, de plus en plus d'élus municipaux veulent favoriser les déplacements à vélo sur leur territoire. Cette volonté se manifeste par l'implantation de plus en plus répandue de vélos en libre-service. La première implantation municipale d'un système de vélos en libre-service remonte à 1997 et était une initiative de la municipalité de La Rochelle réalisée dans le cadre d'une opération «Une journée sans ma voiture». Voilà qui représente un mode de transport urbain alternatif au véhicule à moteur individuel.

Vélib, qui provient d'une contraction des mots « vélo » et « liberté », est le système de vélos en libre-service de Paris. Dès son entrée en fonction le 15 juillet 2007, plus de 10 000 bicyclettes étaient disponibles dans 750 stations. En moins d'un an, 26 millions de locations étaient réalisées et 200 000 usagers prenaient un abonnement.

La Ville de Montréal s'est appuyée sur cette expérience pour créer *Bixi*, le tout nouveau système de vélos en libre-service. Il est accessible à tous, 24 heures par jour, 7 jours par semaine et trois saisons par année, soit de mai à novembre. Le service, qui est entré en fonction en mai 2009, compte déjà 5 000 vélos et 400 stations réparties autour du centre-ville de Montréal. Les 30 premières minutes d'utilisation sont gratuites.

Le Québec fait d'ailleurs figure de chef de file dans la fabrication de vélos à vocation libre-service. En effet, la compagnie Devinci du

Saguenay est le principal fournisseur de vélos libre-service en Amérique du Nord. Appuyée par la grappe technologique de transformation de l'aluminium située dans la région du Saguenay, cette entreprise québécoise fondée en 1987 peut se targuer d'avoir proposé un vélo léger et robuste d'un modèle inédit. Avec une tendance de plus en plus marquée des grandes métropoles à proposer des transports alternatifs à leurs citoyens et compte tenu des préoccupations écologiques et de santé publique de plus en plus répandues, l'utilisation de la bicyclette en milieu urbain est la voie de l'avenir. Compte tenu de cette réalité, Devinci semble avoir misé juste, car son carnet de commandes ne ressent en aucune façon les contrecoups de la crise économique.

Les véhicules lourds

En 2008, l'industrie du transport des personnes et des marchandises dénombrait 18 000 autobus et 120 000 camions et tracteurs routiers.

Pour cette même année survenaient 3 088 accidents avec dommages corporels impliquant un de ces véhicules lourds (camion lourd, tracteur routier, autobus, minibus, autobus scolaire et véhicule d'équipement ou outil), ce qui représente 9,5 % des accidents enregistrés au cours de l'année 2008 sur les routes du Québec. Plus spécifiquement, dans 4 % des accidents avec dommages corporels sur les routes du Québec, un camion lourd était impliqué. Rappelons par ailleurs que chaque véhicule de promenade parcourt en moyenne 18 000 km par année, alors qu'un véhicule lourd peut en parcourir jusqu'à 100 000. D'ailleurs, les données de Transports Canada révèlent que le kilométrage annuel moyen des camions articulés est d'environ 6,6 fois celui de l'ensemble des véhicules, alors que pour les camions porteurs, le facteur est de 1,5. De par son poids et sa taille, un véhicule lourd impliqué dans un accident cause des dommages considérables. Si bien qu'au bout du compte, il s'avère que le routier professionnel fait preuve d'un comportement qui est en général plus responsable que l'automobiliste ordinaire. D'ailleurs, selon les données de la SAAQ, dans environ 60 % des accidents mortels ou graves impliquant un camion lourd et un autre véhicule, le conducteur de l'autre véhicule était responsable de l'accident. Ainsi, plusieurs automobilistes ne sont pas conscients que lorsqu'ils sont relativement près d'un véhicule lourd, il est fort possible que son conducteur ne les voie pas. En effet, le conducteur d'un camion ne peut voir certaines zones de la route qui entourent son véhicule. Ces zones sont appelées « angles morts ».

Ainsi, lorsqu'on ne voit pas l'un des rétroviseurs extérieurs du camion que l'on suit, c'est qu'on est tellement près du camion que son conducteur ne peut nous voir.

Les angles morts d'un véhicule lourd

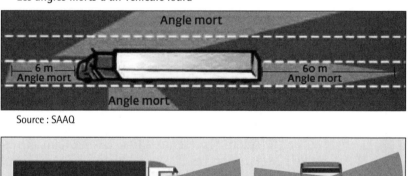

Source : SAAQ

Source : http://droitauvelo.free.fr/DOC/triptyque_veloscamions.pdf

Néanmoins, l'industrie du véhicule lourd a pris le taureau par les cornes et a décidé de s'autoréguler afin de réduire le nombre d'accidents impliquant un véhicule lourd. Dans cette perspective, une table de concertation réunissant des représentants du gouvernement et de l'industrie a été créée en 1998. Une de ses recommandations a mené à l'adoption de la Loi concernant les propriétaires, les exploitants et les conducteurs de véhicules lourds (PECVL). Cette loi prévoit des mécanismes destinés à encadrer les conducteurs et les entreprises qui œuvrent dans le transport routier, tant celui des personnes que celui des marchandises, et à intervenir auprès d'eux afin que les uns et les autres améliorent leurs comportements. Plus précisément, la loi met en place trois grands mécanismes permettant d'encadrer les propriétaires et les exploitants de véhicules lourds :

- L'INSCRIPTION : pour mettre en circulation ou pour exploiter un véhicule lourd, le propriétaire ou exploitant doit s'inscrire au registre des propriétaires et exploitants de véhicules lourds de la Commission des transports du Québec.
- LE SUIVI : la SAAQ tient un dossier pour chaque personne inscrite au registre et y note les infractions et les accidents la concernant.
- LA SANCTION : lorsque l'on constate, à la lecture du dossier d'une personne, que le comportement de cette dernière est devenu problématique, cette personne est convoquée devant un tribunal administratif de la Commission des transports du Québec, qui peut lui imposer des sanctions.

L'industrie a également recommandé d'introduire l'obligation d'activer les limiteurs de vitesse de certains véhicules lourds et de les régler à 105 km/h. Cette recommandation a donné lieu à l'adoption d'une nouvelle disposition législative qui vise les exploitants de véhicules lourds de 11 794 kg (26 000 lb) et plus. Cette mesure, en vigueur depuis le 1er janvier 2009, découle du plan d'action 2006-2012 du gouvernement du Québec sur les changements climatiques. Elle permettra d'améliorer la sécurité routière, de réduire la consommation d'énergie et de réduire les émissions de gaz à effet de serre (GES). La limite de vitesse de 105 km/h a été déterminée en fonction des différentes limites de vitesse des autres administrations en Amérique du Nord.

Mentionnons en terminant que depuis 1998, le bilan routier des véhicules lourds s'est grandement amélioré, puisque le nombre de décès dans des accidents impliquant ce type de véhicule est passé de 162 en 1998 à 135 en 2008[8], et ce, malgré l'augmentation du parc automobile.

CHAPITRE 3

Ce que la science nous apprend

Conduire un véhicule, est-ce vraiment si facile?

Pour ceux qui prennent le volant presque tous les jours, la conduite automobile peut être perçue comme une activité routinière, voire sans danger. Pourtant, rappelons-le, les accidents de la route au Québec ont fait 44 123 victimes en 2008. C'est que notre exposition au risque est en réalité plus grande qu'on peut l'imaginer. D'ailleurs, voici un tableau (tiré du livre de Fulton Baker[9]) révélant les chiffres que la science nous fournit.

Dans sa tâche de conduite, le conducteur moyen doit faire face à :

- Une à trois décisions par seconde
- 30 à 120 actions par minute
- Au moins une erreur toutes les deux minutes
- Une situation dangereuse toutes les une ou deux heures
- Une « presque collision » une ou deux fois par mois
- Une collision tous les six ans
- Une blessure tous les 40 ans
- Un million d'intersections au cours de ses années de conduite

---

La prise de conscience de telles données ne peut qu'inciter à réfléchir et à redoubler de vigilance au volant.

Quelle est la tâche la plus complexe que vous ayez effectuée aujourd'hui?

À moins que vous ne soyez un chirurgien de l'œil, il y a fort à parier que la tâche la plus complexe que vous ayez effectuée durant la journée soit celle qui vous a permis de vous rendre au travail le matin! En réalité, pour la plupart des usagers de la route, il s'agit là de l'activité la plus périlleuse de la journée! Voilà essentiellement la ligne de pensée exprimée par Tom Vanderbilt dans son livre *Traffic*[10].

Le conducteur consciencieux doit constamment être à l'affût de ce qui l'entoure, où tout est en perpétuel changement. Il doit repérer et comprendre les différents panneaux de signalisation (il existe plus de 1 000 panneaux de signalisation normalisés!) ainsi que le marquage au sol. Le conducteur doit également ajuster le parcours de sa voiture en suivant les lignes sur la chaussée, jeter de temps à autre un coup d'œil sur son tableau de bord, surveiller le trajet des véhicules à sa gauche, à sa droite, devant lui, derrière lui, les activités se déroulant en bordure de la route, interpréter les intentions des autres usagers de la route, et ainsi de suite.

En effet, selon la densité de la circulation et la nature des distractions inhérentes à la route sur laquelle il est engagé, le conducteur aura à prendre de multiples décisions, de 30 à 120 par minute, affirment certaines études. Ainsi, l'automobiliste pourra décider de freiner, d'accélérer, de tourner le volant légèrement, puis davantage, de céder le passage à un autre véhicule ou à un piéton, d'ajuster le fonctionnement de l'essuie-glace, etc.

Somme toute, il s'agit d'un torrent d'informations nécessitant l'enchaînement d'une série de décisions. Un tel processus doit être géré par le cerveau, lequel ne peut traiter qu'un nombre limité d'informations par unité de temps. Il peut donc arriver qu'une information cruciale ne soit pas relayée au cerveau, que la décision qui aurait dû suivre ne soit pas prise et que la conséquence de cette inaction soit un accident.

Voilà pourquoi les normes de conception et d'exploitation des routes doivent favoriser et faciliter la coopération et l'interprétation de l'environnement routier. Concrètement :

1. La même information (et séquence d'informations) est toujours utilisée pour les mêmes conditions routières. Par exemple, on verra la même séquence de panneaux de signalisation à l'approche d'un même type d'intersection.

2. La complexité de chacun des messages est contrôlée, par exemple par l'utilisation de pictogrammes plutôt que de longs messages textuels.

3. Les messages importants sont répétés, ce qui accroît la probabilité de leur détection par le conducteur.

4. Le nombre d'informations critiques à un même endroit est limité (étalement de l'information).

5. L'information critique est mise en évidence par rapport au reste des informations contenues dans l'environnement routier. Par exemple, un panneau d'arrêt doit être plus visible qu'une publicité placée à ses côtés, principalement si l'obligation d'arrêt n'est pas nécessairement évidente.

6. La quantité d'éléments pouvant accroître la complexité de la tâche de conduite est réduite à mesure que la vitesse augmente.

Malgré toutes ces préoccupations, la conduite automobile demeure une activité dont la complexité est malheureusement méconnue par la plupart des gens.

Meilleurs conducteurs ou progrès de la technologie et de la médecine?

De 2 209 décès sur les routes du Québec en 1973, on est passé à 557 en 2008, soit le meilleur bilan routier depuis 1948. Certes, il y a lieu de se féliciter pour une telle amélioration, mais si le bilan routier a connu un tel progrès, est-ce simplement parce que nous sommes de meilleurs conducteurs, ou est-ce dû à d'autres facteurs encore plus déterminants et indépendants de notre façon de conduire?

En effet, plusieurs facteurs expliquent cette amélioration du bilan routier. Pensons seulement au port de la ceinture de sécurité. Moins de 50 % des conducteurs la portaient dans les années 1970. Depuis l'an 2000, le taux du port de la ceinture de sécurité au Québec varie entre 93 % et 95 %[11]. En 1981, on a vu apparaître les premiers coussins gonflables. Aujourd'hui, ils font partie des équipements standards de tous les véhicules neufs vendus au Canada, en plus de nombreux autres dispositifs de sécurité, dont les freins ABS et le contrôle électronique de la stabilité.

Depuis une trentaine d'années, de nouvelles normes ont progressivement été mises en place pour créer dans l'habitacle des véhicules un « espace vital » en cas de collision. Ainsi, l'habitacle d'un véhicule de promenade est devenu en quelque sorte un boîtier protecteur. Pour répondre aux normes de Transports Canada, les constructeurs automobiles conçoivent et fabriquent les habitacles des véhicules de façon à ce qu'ils résistent aux impacts violents causés par les collisions. Les sacs gonflables, les colonnes de direction télescopiques, les tableaux de bord rembourrés, les montants et les portes renforcés, les ancrages de sièges beaucoup plus résistants, les appuie-têtes plus efficaces : tous ces dispositifs ont transformé nos voitures pour en faire des lieux plus sûrs. Ainsi, au moment d'une collision, ils travaillent de concert pour protéger l'espace vital où se trouvent les occupants, à condition, bien sûr, que ces derniers portent leur ceinture de sécurité.

Et encore, nous n'avons pas parlé de la conception des autoroutes modernes, avec leurs bandes rugueuses, leurs glissières de sécurité et leurs marquages au sol.

Somme toute, plusieurs avancées technologiques ont contribué à l'amélioration du bilan routier, mais il y a un autre facteur qu'on mentionne moins souvent : les progrès de la médecine, en particulier ceux de la traumatologie.

Comme le dit parfois le docteur Pierre Fréchette, directeur médical du programme d'évacuations aéromédicales du Québec (ÉVAQ), directeur adjoint des services professionnels et responsable du programme de traumatologie au CHA de Québec (Hôpital de l'Enfant-Jésus) : « Amenez-moi le blessé grave en dedans d'une heure et nous allons le sauver! » C'est ce que les anglophones appellent la *golden hour*.

En effet, une étude réalisée par l'Institut national de santé publique du Québec (INSPQ) révèle qu'en 1992, 52 % des blessés graves de la route périssaient dans les deux heures suivant l'accident, alors qu'en 2002, ce pourcentage est tombé à 8,6 %. Nous devons en grande partie cette amélioration au fait que, depuis 1990, il existe au Québec un système intégré de traumatologie, lequel vise à minimiser les délais d'intervention à la suite d'un accident grave. Ce système comporte quatorze maillons allant de la prévention des accidents aux soins postimpact. Ce dernier niveau d'intervention comporte trois phases : la préhospitalisation, l'hospitalisation et la posthospitalisation. La première phase commence avec les soins fournis par les premiers intervenants, pour se terminer avec la prise en charge du patient par les services ambulanciers. La phase hospitalière assure ensuite les services de stabilisation médicale avant d'ache-miner la victime vers un centre primaire, secondaire ou tertiaire, selon la gravité des soins que nécessite son état. Enfin, la phase posthospitalière consiste à offrir à la victime, selon ses besoins, des soins d'experts en réadaptation.

L'amélioration du réseau de traumatologie québécois est, pour beaucoup, redevable au docteur Pierre Fréchette, puisque c'est lui qui a contribué à en faire l'un des plus performants au monde. Comment s'y est-il pris? Alors qu'il travaillait comme urgentologue à l'Hôpital de l'Enfant-Jésus de Québec, il a constaté que le traitement des accidentés de la route impliquait plusieurs spécialistes, mais qu'il y avait un important manque de coordination entre leurs interventions. Aujourd'hui, grâce à une meilleure prise en charge des victimes lors des accidents de la route, on augmente nos chances de survivre, et ce, malgré toutes nos maladresses!

La probabilité de devenir une victime de la route

Vous espérez vivre longtemps, disons au moins jusqu'à 86 ans? Eh bien, en se basant sur le fait que la population du Québec est de 7 700 000 personnes et qu'il y a environ 44 100 victimes par année sur les routes du Québec, on peut calculer que chacun d'entre nous a une probabilité d'environ 40 % de devenir une victime de la route au cours de sa vie. Par victime, on entend une personne tuée ou blessée. Voici le calcul. Avec les données ci-dessus, la probabilité de ne PAS être une victime de la route dans une année donnée est égale à

$$1 - \frac{44100}{7700000}$$

ce qui veut dire que la probabilité de ne pas être une victime de la route, année après année durant 86 ans, est égale à

$$\left(1 - \frac{44100}{7700000}\right)^{86} \approx 0,61$$

Cela signifie que votre probabilité de devenir une victime au moins une fois au cours de ces 86 années est égale à

$$1 - 0,61 = 0,39$$

c'est-à-dire 39 %.

On peut refaire le même genre de calcul pour connaître la probabilité de mourir dans un accident de voiture au cours de sa vie, auquel cas on obtient qu'elle est de l'ordre de 0,6 %.

Est-on vraiment fait pour rouler au-delà de 30 km/h?

Ben Hamilton-Baillie est un architecte urbaniste anglais qui a fait les manchettes en 2005, en prétendant que le cerveau humain n'a pas été conçu pour que l'on puisse rouler à une vitesse qui excède celle à laquelle on est capable de courir.

Il rappelle que l'expérience démontre que le piéton qui se fait frapper par un véhicule roulant à plus de 30 km/h ne s'en sortira pas sans blessures graves. Les recherches prouvent par ailleurs que le contact visuel entre des individus peut difficilement se maintenir si ceux-ci se déplacent à une vitesse supérieure à 25 ou 30 km/h.

Ces observations ont des conséquences importantes en sécurité routière et en particulier pour ceux qui conçoivent les infrastructures routières en milieu urbain.

Si on pousse le raisonnement plus loin, on peut être amené à croire que la meilleure façon de prévenir les collisions entre automobilistes, cyclistes et piétons serait de réunir ces derniers : éliminons les trottoirs, les panneaux d'arrêt, les feux de circulation et plaçons tout ce beau monde sur la même voie! C'est d'ailleurs, en quelque sorte, cette façon de penser qui a mené au tout nouveau concept de « zone de rencontre » où automobilistes, cyclistes et piétons sont « forcés » de cohabiter, de partager le même espace sans se heurter. Comme la vitesse des véhicules y est habituellement limitée à 20 km/h, les usagers de la route peuvent prendre le temps de négocier entre eux leur droit de passage. Le règlement des zones de rencontre prévoit que le piéton a priorité sur les cyclistes et les automobilistes, et les cyclistes, sur les automobilistes.

Ce nouveau concept a d'abord fait son apparition en Suisse et en Belgique, mais aujourd'hui, on le trouve également au Royaume-Uni, en Espagne et aux Pays-Bas. Dans les pays anglophones, il est appelé *shared space* (espace partagé). L'idée est que les usagers qui conduisent des véhicules motorisés perçoivent et comprennent que l'espace dans lequel ils pénètrent n'est plus essentiellement destiné à leur seul usage ni à l'écoulement du trafic auquel ils sont habitués. Ils ont alors le réflexe naturel de ralentir et de tenter d'établir un contact visuel avec les autres usagers de la voie publique dans le but de partager avec eux l'espace qui leur apparaît soudainement plus restreint.

Pas si vite, mon oncle!

Dans le rapport du ministère de la Voirie de 1929, on mentionne que « la cause première des accidents, c'est la vitesse excessive » et que « la plus sommaire des analyses des statistiques démontre en tout cas que c'est le conducteur du véhicule qui est l'artisan de l'insécurité relative des routes ». Depuis, 80 années se sont écoulées et ce constat est toujours d'actualité.

Aujourd'hui, la vitesse est en cause dans 37 % des accidents mortels. Or, si la conduite avec les facultés affaiblies est dénoncée par plus de 97 % des personnes interrogées (selon un sondage réalisé en 2006 par la SAAQ), la vitesse excessive est loin de soulever le même niveau d'indignation.

En effet, plus de 70 % des conducteurs avouent dépasser la limite permise, une proportion qui passe à 80 % lorsqu'on les interroge sur leurs habitudes de conduite sur les autoroutes. Ce phénomène s'explique par le fait que pour de très nombreux automobilistes, de tels excès ne mettent aucunement en danger leur vie ou celle des autres. Qui plus est, il n'est pas rare d'entendre quelqu'un se vanter de rouler à 140 km/h. Les justifications sont nombreuses : « Ma voiture est solide, fiable, sécuritaire, je me sens en plein contrôle, le véritable problème, c'est ceux qui roulent trop lentement... » Il faut dire que, règle générale, les conducteurs ont une définition plutôt élastique de ce qui constitue un excès de vitesse. Aussi trouvent-ils leurs propres excès de vitesse relativement anodins.

Voici à présent les faits. Lorsqu'on se déplace, on emmagasine de l'énergie cinétique. Or, cette énergie augmente avec le carré de la vitesse, selon la formule

$$E = \frac{1}{2}mv^2$$

où E désigne l'énergie cinétique, m la masse de l'objet (kg) en mouvement et v la vitesse de déplacement (m/sec). Ainsi, un impact à 50 km/h est équivalent à une chute du haut d'un édifice de 3 étages, un impact à une vitesse de 75 km/h, à une chute d'un édifice de 7 étages et un impact à 100 km/h, à une chute de 12 étages. De plus, il est généralement admis par les experts en sécurité routière qu'une voiture sûre peut protéger ses occupants jusqu'à 65-70 km/h en cas de choc frontal, et jusqu'à 45-50 km/h en cas de choc latéral, ceci en supposant que les occupants portent leur ceinture de sécurité, bien sûr. Malheureusement, peu d'automobilistes connaissent ces données scientifiques.

Une autre des conséquences de l'augmentation de l'énergie cinétique est que, à masse égale, la vitesse augmente la distance de freinage, sans compter que l'usure des freins ou des pneus, une surface mouillée de même que le mauvais état de la chaussée peuvent aussi constituer des facteurs aggravants.

D'ailleurs, la vitesse réduit l'adhérence des pneus. Ainsi, plus la vitesse est grande, moins le véhicule colle à la route et plus les risques de dérapage augmentent.

Enfin, un des effets les plus graves associés à la vitesse excessive est la diminution de la vision périphérique, phénomène aussi appelé « effet tunnel » (voir page 66).

Globalement, chaque diminution de 1 km/h de la vitesse moyenne pratiquée sur les routes entraîne une diminution de l'ordre de 3 % des accidents avec blessés[12]. Cette règle est quasi linéaire : une diminution de 5 km/h de la vitesse moyenne pratiquée entraînerait une diminution de l'ordre de 15 % des accidents avec blessés. Ainsi, en France, principalement en raison de l'implantation des radars photographiques, la vitesse moyenne pratiquée a diminué de 9 km/h, ce qui a contribué à améliorer le bilan routier de 40 % entre 2002 et 2007. Ajoutons toutefois que cette règle du 1 km/h-3 % fonctionne dans les deux sens, ce qui veut dire qu'à une augmentation de 1 km/h de la vitesse moyenne pratiquée correspond une détérioration du bilan routier de l'ordre de 3 %.

Que faire pour contrer ce fléau de la vitesse excessive? Dans le rapport de 1929 du ministère de la Voirie mentionné au début de la présente section, on peut lire que « le problème de la sécurité routière se résoudra par l'éducation ». Si c'était vrai il y a 80 ans, ce l'est encore aujourd'hui. Il faut d'abord et avant tout faire confiance à l'intelligence des gens et prendre le temps d'expliquer les dangers inhérents à la conduite à des vitesses excessives.

Cependant, bien que les campagnes de sensibilisation arrivent à convaincre nombre d'automobilistes qu'il est plus sage de lever le pied, certains demeurent imperméables à toute forme de sensibilisation. C'est pourquoi il est bon de mettre en place d'autres stratégies, notamment des sanctions plus sévères, en particulier en ce qui a trait aux grands excès de vitesse. Par exemple, dans le cas d'un dépassement égal ou supérieur à 50 km/h de la vitesse permise, ces sanctions portent fruit partout où elles sont appliquées. Encore faut-il que ces méfaits soient pris sur le vif pour dissuader les automobilistes qui les commettent de récidiver. C'est ici qu'entre en scène une avancée technologique qui a fait ses preuves dans plusieurs pays : les radars photographiques. Le grand avantage de ces appareils est qu'ils sont en fonction 24 heures par jour, 7 jours par semaine. Ces appareils ne sont toutefois pas un substitut à la surveillance policière traditionnelle. En effet, celle-ci aura toujours sa place, car toute interception par un agent de la paix est une occasion de vérifier d'autres possibles comportements délinquants, telle la conduite avec les facultés affaiblies, le non-port de la ceinture de sécurité, et ainsi de suite.

Outre ces mesures dissuasives, il ne faut pas négliger l'implantation de mesures qui peuvent amener le conducteur à réduire sa vitesse en fonction de l'environnement routier. On parle ici, par exemple, d'une modification de l'environnement routier qui amène l'automobiliste à croire que la route est soudainement moins large que ce à quoi il s'attendait. Un tel scénario est facilement mis en scène en posant des arbustes de petite taille, espacés de 50 mètres, en bordure du chemin. La mesure est parfaitement sécuritaire, puisque si, par malheur, l'automobiliste devait heurter l'un de ces arbustes, ceux-ci n'auraient pas un grand impact.

Exemples de chicanes permettant de ralentir la circulation.

Source : ministère des Transports

Avez-vous aimé le film *Un homme d'exception?* (ou pourquoi on aurait tous avantage à favoriser un meilleur partage de la route)

Le film *Un homme d'exception* met en vedette l'acteur Russell Crowe dans le rôle du mathématicien schizophrène John Forbes Nash Jr (1928-), qui a reçu le prix Nobel d'économie en 1994 pour ses travaux sur la théorie des jeux, cette branche des mathématiques appliquées qui a trait à la stratégie et à la prédiction des comportements des participants à un jeu. Dans le fameux film de 2001, dans une scène se déroulant dans une salle de billard, le mathématicien explique sa découverte en utilisant l'exemple de quatre adolescents qui, selon lui, auraient avantage à coopérer plutôt qu'à tenter de courtiser individuellement la plus belle fille de la salle. Nash a introduit le concept fondamental de « point d'équilibre » (aussi appelé « équilibre de Nash »), soit un ensemble de stratégies utilisées par les différents joueurs, qui sont telles qu'aucun joueur ne peut améliorer sa situation en modifiant uniquement la sienne. En d'autres mots, chaque joueur a avantage, pour arriver à ses fins, à coopérer avec les autres joueurs.

Au cours des années, cette simple idée de John Nash a amené des changements importants en économie et en science politique[13]. Curieusement, la théorie des jeux de John Nash a également des applications en circulation sur les routes et a du même coup une incidence sur la sécurité routière.

On s'explique. Commençons avec le Tour de France. Lors de la plupart des étapes du Tour, il arrive qu'une équipe de trois ou quatre cyclistes effectue une échappée dès les premiers kilomètres. Ces cyclistes tentent alors de semer le peloton principal, lequel est constitué de la majorité des coureurs. Alors que les membres du peloton de queue utilisent une formation aérodynamique dans laquelle les cyclistes de tête se relaient constamment, il en est de même pour le peloton qui est en échappée. Ces trois ou quatre cyclistes vont trouver avantageux de rouler à la file indienne, car ils vont ainsi économiser de l'énergie : on dit qu'ils profitent du *drafting*, soit de l'effet de « sillonnage ». Ces cyclistes ont donc décidé de coopérer pour distancer le peloton principal, et cela, même s'ils ont individuellement l'intention avouée de remporter la victoire de l'étape. Il peut même arriver que dans les derniers 10 ou 15 kilomètres, on assiste à une autre échappée, celle-là avec seulement deux coureurs. Dans un tel scénario, il sera encore plus important pour ces deux athlètes téméraires de se relayer à la tête à intervalles réguliers s'ils veulent minimiser leurs dépenses d'énergie. Pourtant, il est parfaitement clair dans leur esprit qu'un seul des deux va remporter la course, mais ils ont compris que pour vaincre leurs adversaires, ils doivent tout de même coopérer et travailler en équipe. La stratégie du « chacun-pour-soi » n'est donc pas une stratégie gagnante.

Il en est de même sur la route, c'est-à-dire lorsqu'on emprunte la voie publique avec d'autres utilisateurs (automobilistes, conducteurs de véhicules lourds, motocyclistes, cyclistes et piétons) pour se rendre du point A au point B. Cette fois, bien sûr, l'enjeu n'est pas le même. Par exemple, celui ou celle qui se rend à son lieu de travail en voiture le matin a fort probablement trois objectifs en tête : 1) se rendre au travail; 2) y arriver en toute sécurité; 3) y arriver en un temps raisonnable. Or, ce que la théorie des jeux confirme, c'est que pour atteindre ces trois objectifs, l'automobiliste a tout intérêt à coopérer avec les autres usagers de la route. En particulier, il devra respecter la limite de vitesse affichée, ajuster sa vitesse au flot de la circulation, maintenir une distance sécuritaire entre son véhicule et celui qui le précède, s'engager dans des manœuvres prévisibles, respecter les feux de signalisation, les arrêts obligatoires, les passages pour piétons, etc. Les mêmes responsabilités incombent aux autres usagers de la route, en particulier aux motocyclistes, aux cyclistes et aux piétons. Tout manquement à ces règles de base, lesquelles sont par ailleurs bien connues de tous les usagers, entraînera immanquablement d'importantes perturbations dans le flot de la circulation et donc des risques élevés de collisions, sans compter des retards inutiles pour l'ensemble des usagers.

Somme toute, il est intéressant d'observer qu'une théorie mathématique permet de mettre en évidence le fait que lorsqu'on emprunte la voie publique, on a avantage à la partager avec les autres usagers. C'est là que la partie commence!

Allô! Allô! Y a-t-il quelqu'un au volant?

Vous vous éveillez en sursaut. Il est 8 h. Vous allez être en retard au bureau. Pourtant, il y a cette réunion à 9 h et vous n'avez pas encore dicté l'ordre du jour à votre adjointe. Qu'à cela ne tienne, vous dites-vous, vous pourrez toujours discuter par cellulaire avec votre adjointe tout en conduisant pour vous rendre au bureau. Qu'elles sont donc formidables les avancées technologiques! Elles vous permettent de transformer votre voiture en bureau... après tout, votre cerveau a été conçu pour faire du *multi-tasking*, n'est-ce pas? Pas si vrai!

Si des progrès technologiques ont contribué à rendre nos voitures et nos routes plus sécuritaires, d'autres créent des sources additionnelles de danger au volant. Le téléphone cellulaire en est un bel exemple.

Le grand acteur, auteur et cinéaste français Sacha Guitry, décédé en 1957, disait un jour à un de ses amis qui venait d'acquérir un appareil téléphonique pour sa maison : « On vous sonne, et vous accourez! » Il voulait ainsi signifier que son ami allait dorénavant se comporter comme un domestique. Il est à se demander ce que Sacha Guitry aurait dit aujourd'hui du téléphone portable. Sans doute aurait-il affirmé que ce puissant outil technologique allait faire de nous non pas des domestiques, mais plutôt des esclaves.

En effet, plusieurs d'entre nous sommes devenus totalement dépendants du téléphone portable. Il nous suit partout, dans l'automobile aussi. On ne peut pas vivre sans notre cellulaire, et on ne peut pas conduire sans lui!

Dans un article intitulé «Promoting the Car Phone, Despite Risks», publié le 7 décembre 2009 dans le *New York Times*, Matt Richtel présente les 50 ans d'histoire du téléphone portable et son impact négatif sur la sécurité routière. Il nous rappelle que Martin Cooper, un ingénieur de Motorola et l'inventeur du téléphone portable, avait affirmé au début des années 1960, devant une commission de l'État du Michigan, que l'automobiliste qui utiliserait un tel appareil allait certainement courir un grand danger. Il avait même ajouté qu'il devrait y avoir un dispositif empêchant l'automobiliste d'utiliser l'appareil en conduisant.

En dépit des craintes soulevées par son inventeur et malgré toutes les études mettant en évidence les dangers liés à l'utilisation du téléphone cellulaire au volant, cette industrie s'est développée pour satisfaire son principal client, l'automobiliste, et a maintenant un chiffre d'affaires qui se compte en centaines de milliards de dollars. Histoire d'attirer les automobilistes, l'industrie décida de baptiser son nouveau jouet *the car phone*, une façon habile de faire croire que le téléphone portable est tout à fait approprié pour la voiture.

Pour afficher l'immense potentiel du nouvel outil, les agences de publicité ont fait preuve d'imagination. Ainsi, l'une des premières publicités télévisées de la compagnie Sprint montrait un homme d'affaires à bord de son véhicule tout-terrain, conversant au téléphone avec son épouse, à bord de son luxueux bateau de plaisance, elle-même munie d'un téléphone portable.

Alors qu'en 1985 les détenteurs d'un téléphone portable se comptaient par centaines de milliers, aujourd'hui, ils sont plus de quatre milliards. Un appareil coûtait à l'époque des milliers de dollars; aujourd'hui, il est pratiquement donné à ceux qui prennent un abonnement. Aveuglés par cette croissance fulgurante et encouragés par leurs coûts sans cesse décroissants, les fabricants et les utilisateurs pensaient à peine aux risques encourus à cause des distractions inhérentes aux téléphones cellulaires. Néanmoins, les ingénieurs et concepteurs des téléphones portables étaient pour la plupart conscients des dangers auxquels étaient exposés les automobilistes qui parlaient au téléphone tout en conduisant. Lorsqu'ils en faisaient part à leurs employeurs, le problème était rapidement minimisé. C'est ainsi qu'en 1990, David Strayer, un chercheur chez Verizon qui voulait que sa compagnie analyse plus en profondeur les risques inhérents à l'utilisation du cellulaire au volant, s'est vu répondre par son employeur qu'en savoir plus sur ces distractions ne contribuerait en rien à l'essor de l'entreprise.

Plus tard, soit en 2005, alors qu'il était chercheur à l'Université de l'Utah, il a comparé le risque encouru lors de l'utilisation du cellulaire au volant à celui de la conduite avec les facultés affaiblies. Plus précisément, en utilisant un simulateur de conduite, il a comparé la façon de conduire d'un groupe de volontaires ayant un taux d'alcool de 80 mg par 100 ml de sang à celle d'un groupe de conducteurs sobres qui parlaient au téléphone. Il a constaté que ceux qui parlaient au téléphone réagissaient 9 % moins vite en voyant une voiture qui freinait devant eux que ceux qui avaient consommé de l'alcool[14]. De plus, l'étude de Strayer arrivait à cette conclusion que les sujets utilisent le dispositif « en mains » ou le dispositif « mains libres ».

Parallèlement, des regroupements des usagers de la route, comme le club automobile étasunien AAA, s'inquiétaient déjà en 1984 des risques potentiels de l'usage du cellulaire au volant, ceci au point de recommander à leurs membres de garer leur voiture avant de téléphoner. En 1997, le ministère de la Santé du Canada subventionnait des études pour déterminer si l'utilisation du cellulaire au volant pouvait causer des accidents de la route. Leur conclusion fut sans équivoque : le cellulaire au volant est une importante cause d'accidents.

Plus de productivité, mais plus d'accidents! Telle fut essentiellement la conclusion d'une étude réalisée par des chercheurs de l'Université Harvard et subventionnée par la compagnie AT&T. Évidemment, l'étude démontre que les utilisateurs voient, dans l'utilisation du téléphone cellulaire, une optimisation de leur temps. Cependant, les conséquences sont tragiques : plus de 2 000 décès et des dizaines de milliers de blessés chaque année. En 2005, la National Highway Traffic Safety Administration (NHTSA) publiait une bibliographie d'au moins 150 articles scientifiques mettant en évidence les dangers du cellulaire au volant au cours des huit années précédentes. Ces études montraient également que tout usage du cellulaire au volant, tant l'appareil tenu en mains que le « mains libres », est dangereux.

Si l'industrie s'est montrée hésitante à informer ses clients des risques encourus par l'usage du téléphone au volant, elle commence néanmoins à annoncer que le *texting* au volant est une activité très imprudente. Et comment! Les recherches récentes montrent que le risque d'être impliqué dans un accident avec blessures corporelles lorsqu'on fait du *texting* en conduisant est 23 fois supérieur à celui de la conduite normale. Le problème est si grave qu'à l'automne 2009 le président Obama a émis la directive à tous les employés du gouvernement fédéral de ne pas « texter » au volant.

Le principal argument de l'industrie pour éviter de mettre en garde ses clients au sujet des dangers inhérents de l'utilisation du cellulaire au volant reste qu'il y a très peu de cas documentés d'accidents de la route dont il serait la cause. En effet, d'une part, la plupart des formulaires de rapports d'accidents utilisés par les forces policières n'ont pas de case précise à cocher pour indiquer que le conducteur était en pleine conversation téléphonique lors de l'accident. D'autre part, il est rare qu'un conducteur impliqué dans un accident avouera avoir fait usage de son téléphone portable au moment de l'accident, surtout s'il est déjà soupçonné d'avoir conduit trop vite ou en état d'ivresse. Néanmoins, l'industrie, en bonne citoyenne, admet du bout des lèvres qu'il y a un risque à utiliser un tel appareil en conduisant et que, par conséquent, si on doit l'utiliser, il vaut mieux le faire avec prudence. « Bien timide comme recommandation! », direz-vous. C'est que, dans une perspective de maximisation des profits, c'est à peu près la seule concession que l'industrie est prête à faire! Somme toute, en tant que fournisseur d'un produit présentant un risque lorsqu'il est utilisé en conduisant, on veut paraître responsable, mais sans toutefois aller jusqu'à faire la publicité de la véritable ampleur du risque encouru!

Au Québec, depuis le 1er avril 2008, il est interdit de conduire un véhicule automobile en ayant à la main un téléphone cellulaire. Il en est de même à Terre-Neuve-et-Labrador, en Nouvelle-Écosse et en Ontario, alors que les autres provinces canadiennes vont bientôt légiférer dans le même sens. Cette nouvelle disposition du Code de la sécurité routière fait suite à la publication de nombreuses études[15-16] qui démontrent que l'utilisation du cellulaire au volant dégrade la performance des conducteurs et augmente leur risque de collision.

Ainsi, une vaste revue de ces études effectuée par l'Institut national de santé publique du Québec (INSPQ) et rendue publique en 2007[17] confirme que « les conducteurs ont plus de difficulté à réaliser les tâches primaires requises à la conduite d'un véhicule lorsqu'ils parlent au cellulaire ». Le rapport de l'INSPQ précise que « cette baisse de performance se traduit, entre autres, par une augmentation du temps de réaction au freinage, une plus grande difficulté à rester au centre de la voie, une diminution du champ visuel et des aptitudes à éviter les obstacles sur la route ». Somme toute, « le cellulaire affecte négativement les tâches de nature cognitive, visuelle et biomécanique ». Le rapport précise également que « le cellulaire affecte davantage les tâches cognitives et visuelles que biomécaniques ».

En août 2009, le National Safety Council (NSC) des États-Unis publiait les résultats d'une autre étude, celle-ci confirmant que l'utilisation du cellulaire au volant avait causé 2 600 décès (sur un total de 40 000) et 12 000 blessés graves (sur un total de 250 000) sur les routes étasuniennes en 2008, entraînant un coût de 46 milliards de dollars. À la lumière de ces statistiques, pour la première fois, le NSC a demandé au gouvernement étasunien d'interdire toute forme d'utilisation du cellulaire au volant.

À l'image du Québec, la presque totalité des administrations sur la planète qui ont promulgué des lois sur le cellulaire interdisent uniquement le dispositif « en main », alors que la preuve est clairement établie que le dispositif « mains libres » est tout aussi dangereux. Pourquoi ? Parce que ce n'est pas le maniement du cellulaire qui distrait le plus le conducteur, mais l'attention que demande la conversation téléphonique. Ainsi, une étude de l'Institut national de recherche sur les transports et leur sécurité (INRETS) en France amène les constatations scientifiques suivantes concernant l'utilisation du cellulaire au volant (dispositif « en main » ou « mains libres ») :

- une augmentation du rythme cardiaque qui traduit une augmentation de la charge mentale liée à la difficulté de réaliser simultanément les deux tâches;
- une certaine fixité du regard qui se traduit par une négligence de la surveillance, notamment dans les rétroviseurs du champ périphérique;
- de plus faibles appréciation et perception des situations, soit une altération de l'attention liée à la conduite.

Cette même étude ajoute que « la radio n'est en rien comparable avec le téléphone, car on l'entend mais on ne l'écoute pas en permanence. Il n'y a pas de réel investissement permanent dans l'écoute. On peut très facilement se concentrer sur autre chose, comme une difficulté passagère sur la route, et reprendre l'écoute quand tout est rentré dans l'ordre. » Il en est de même lorsque l'on tente de faire un parallèle entre une discussion avec un passager et une communication téléphonique : « l'absence physique de l'interlocuteur téléphonique [rend] la communication plus difficile. En effet, le téléphone induit une plus grande exigence de continuité dans la communication, un silence pouvant être mal interprété. »

Les employeurs peuvent contribuer à réduire ce « sur-risque » en prenant une position qui donne préséance à la sécurité. Soulignons que certaines entreprises québécoises ont déjà pris un tel virage en adoptant, pour leurs employés, une politique encadrant l'utilisation de tout appareil de communication sans fil pendant la conduite. Les dirigeants de la compagnie Petro-Canada (maintenant Suncor) ont émis une directive claire à leurs 12 000 employés, soit celle de ne pas utiliser le cellulaire au volant, incluant le dispositif mains libres. De même, l'entreprise multinationale Areva, qui œuvre dans le domaine de l'énergie et qui a plus de 1 500 employés au Canada, a fait de la sécurité routière une priorité. Ainsi, dans sa politique d'entreprise, on trouve, entre autres, les exigences suivantes :

- aucune utilisation du cellulaire au volant (ni l'appareil en main, ni le mains libres)
- une alcoolémie de 0 au volant
- un respect strict des limites de vitesse
- l'interdiction de conduire plus de huit heures par jour
- une pause obligatoire d'au moins 15 minutes après trois heures de conduite ininterrompue.

Auparavant, les policiers nous disaient que lorsqu'ils observaient une voiture louvoyant sur la route, ils étaient presque certains qu'il s'agissait d'un conducteur avec les facultés affaiblies. Aujourd'hui, devant la même situation, ils disent qu'il y a davantage de chances qu'il s'agisse d'un conducteur absorbé par une conversation téléphonique.

Néanmoins, plusieurs automobilistes conçoivent l'utilisation du cellulaire au volant comme un risque acceptable. C'est peut-être acceptable pour eux, mais l'est-ce pour le piéton ou le cycliste qui se fera happer par un conducteur parlant au téléphone?

Meilleur en maths, meilleur sur la route?

Sur les bancs d'école, vous avez peut-être entendu parler de la notion d'énergie cinétique, dont il a été question à la page 49, voire de la formule

$$E = \frac{1}{2}mv^2$$

qui se lit « l'énergie cinétique est égale à la moitié de la masse multipliée par la vitesse au carré » et qui traduit essentiellement le fait que l'énergie cinétique d'un corps en mouvement augmente avec le carré de la vitesse.

Assez de formules théoriques! Quel est donc le rapport avec la conduite automobile? À bord d'un véhicule en mouvement, on acquiert de l'énergie cinétique. Par exemple, un automobiliste de 75 kg voit son poids passer à 2 250 kg lorsqu'il roule à 30 km/h, de sorte que si son véhicule heurte un mur ou un autre véhicule, la force d'impact est considérable. Bien sûr, une partie de cette énergie est absorbée par le véhicule, de sorte qu'à 30 km/h, les chances pour l'automobiliste de s'en sortir sont assez bonnes, mais qu'en est-il à des vitesses plus élevées?

On peut démontrer que si la vitesse d'impact est de 90 km/h, la probabilité de décès d'un occupant d'un véhicule est de 40 %; cette probabilité grimpe à 90 % si la vitesse d'impact est de 110 km/h, ce qui traduit un phénomène de croissance exponentielle. Ainsi, la probabilité de survivre à un impact à 140 km/h est presque nulle. Ces données se reflètent dans le graphique ci-dessous, tiré d'un article de Joksch[18].

Probabilité de décès pour les occupants selon la vitesse d'impact

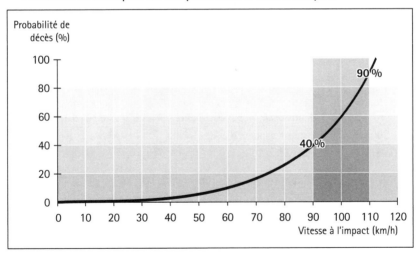

On dit souvent qu'« un accident est si vite arrivé ! » Ce n'est pas seulement une impression, car comme l'illustre le tableau ci-dessous, extrait de *La vitesse : rêve et réalité*, de Bourdeau[19], à peine 0,2 seconde après un impact à 80 km/h contre un obstacle fixe, tout est fini... et peut-être que vous aussi.

Analyse d'un accident à 80 km/h (impact sur un obstacle fixe)

Après X (secondes)	Comportement des véhicules *Comportement des occupants*
0,026 sec	Les pare-chocs s'écrasent. À ce moment, la voiture subit une force (facteur de décélération) qui équivaut, à la hauteur du siège du conducteur, à 30 fois le poids du véhicule.
0,039 sec	*Le conducteur est projeté d'environ 15 cm vers l'avant avec le siège.*
0,044 sec	*La cage thoracique du conducteur heurte le volant.*
0,050 sec	La décélération est telle que sur la voiture et sur chaque occupant s'exerce une force qui équivaut à 80 fois leur propre poids.
0,068 sec	*Le conducteur pousse (avec une pression de 4 tonnes) contre la colonne de direction.*
0,092 sec	*La tête du conducteur heurte le pare-brise.*
0,100 sec	*Le conducteur est projeté vers l'arrière; il a déjà subi des lésions sérieuses, voire fatales.*
0,110 sec	La voiture commence à reculer légèrement.
0,113 sec	*Le passager assis derrière le conducteur est projeté à l'avant du véhicule et inflige un nouveau choc au conducteur.*
0,150 sec	Le silence se fait, les débris de verre et de ferraille retombent au sol, un nuage de poussière enveloppe les lieux de l'impact.
0,200 sec	Fin de tout mouvement.

Par un calcul mathématique élémentaire, on peut aussi démontrer qu'un automobiliste qui roule à 50 km/h au moment où il aperçoit un piéton sur la chaussée, à 31,2 mètres de son véhicule, aura tout juste le temps de s'immobiliser sans heurter ce piéton. Il aura alors parcouru 18,1 mètres (en raison du temps de réaction) et 13,1 mètres (pour le freinage)! Or, si le conducteur roule à 60 km/h, il heurtera ce piéton à une vitesse de 42 km/h, puisque son véhicule s'immobilisera après seulement 40 mètres (soit 21,7 mètres en raison du temps de réaction, suivi de 18,3 mètres pour le freinage). Faut-il rappeler que lorsqu'une voiture heurte un piéton à une vitesse supérieure à 30 km/h, ce dernier sera grièvement blessé?

Par ailleurs, il est bon d'ajouter que ces calculs ont été effectués dans de bonnes conditions de conduite, c'est-à-dire une chaussée sèche, une absence de côte et en supposant que le temps de réaction du conducteur est de 1,3 seconde, soit approximativement le temps médian d'un conducteur faisant face à un événement inattendu, ce qui signifie qu'il y a 50 % des conducteurs qui ont un temps de réaction plus long.

Autrement dit, le scénario décrit ci-dessus est le moins catastrophique que l'on peut imaginer. La formule ci-dessous permet un calcul approximatif de la distance de freinage (mesurée en mètres) d'un véhicule de promenade :

Distance de freinage = (réaction) + (freinage)

$$= \frac{v_1 \times t}{3,6} + \frac{v_2^2 - v_1^2}{254(f \pm G/100)}$$

où

v_1 = vitesse initiale (km/h)

v_2 = vitesse finale (km/h)

t = temps de réaction (sec)

f_1 = coefficient de frottement longitudinal

G = pourcentage de pente (%)

Sur une chaussée sèche en asphalte (usure normale), le coefficient de frottement f_1 est de l'ordre de 0,55 à 0,80; sur une chaussée mouillée, le coefficient de frottement est de l'ordre de 0,40 à 0,70; sur une chaussée glacée, il se situe près de zéro (voir le *Manuel de sécurité routière* de l'AIPCR, page 406[20]).

Au-delà de l'amélioration du bilan routier, il est intéressant d'ajouter que la conduite sécuritaire peut aussi avoir des effets positifs sur l'écologie et l'économie. Par exemple, on sait que la vitesse la plus économique de la plupart des véhicules de promenade est de l'ordre de 90 km/h, alors qu'au-delà de cette vitesse, la consommation de carburant augmente de façon exponentielle. Or, au Québec, nos voitures brûlent annuellement 12,1 milliards de litres d'essence et de diesel. C'est pourquoi si, du jour au lendemain, chaque automobiliste respectait les limites de vitesse affichées, on calcule que l'on consommerait environ deux milliards de litres de carburant en moins par année, ce qui se traduirait par une économie de l'ordre de deux milliards de dollars pour les consommateurs.

Meilleur en maths, meilleur sur la route? Qu'en pensez-vous?

Qui m'aime me suive... mais de loin!

Sur les autoroutes urbaines, près de la moitié des accidents résultent de collisions arrière ou encore de collisions en chaîne. La raison est qu'en général les automobilistes se suivent de beaucoup trop près. Tous les experts en sécurité routière s'accordent pour dire que l'on pourrait éviter la plupart des collisions arrière en maintenant une distance intervéhicule sécuritaire, appelée « distance de sécurité », laquelle correspond à la distance parcourue par un véhicule en deux secondes.

En France, on a évalué qu'un conducteur sur quatre ne respectait pas la distance de sécurité et que, pire encore, dans des conditions de circulation dense, près de 60 % des conducteurs étaient en infraction au point qu'un conducteur sur six circulait à moins d'une seconde du véhicule qui le précédait.

En France, les forces policières expérimentent actuellement un appareil radar (apparenté à celui utilisé pour mesurer la vitesse) pour calculer la distance entre les voitures qui se suivent sur les autoroutes.

Comment se traduit précisément cette distance de sécurité d'au moins deux secondes avec le véhicule qui vous précède? On peut calculer qu'à une vitesse de 100 km/h, un véhicule parcourt près de 28 mètres chaque seconde. Cela signifie qu'à cette vitesse, la distance sécuritaire à maintenir avec le véhicule qui vous précède est d'environ 56 mètres, soit la longueur d'une dizaine de voitures. «Voilà qui est beaucoup trop élevé», direz-vous! C'est qu'il ne faut pas oublier qu'il vous faut en moyenne entre 1,5 et 2,0 secondes pour réagir avant même que votre voiture ne se mette à freiner! (Voir à cet effet les chiffres mentionnés à la section précédente.)

Par ailleurs, il va de soi que cette règle des deux secondes ne s'applique que lorsque les conditions routières sont idéales. Il est effectivement important de rappeler que la distance de freinage peut être multipliée par un facteur 2 sur une chaussée mouillée, davantage sur un sol enneigé ou glacé et que les freins ABS ne réduisent pas forcément la distance de freinage.

Pas forcément, en effet, puisque selon un article publié sur le site de Transports Canada[21], les freins ABS peuvent même parfois allonger la distance de freinage sur le gravier, la neige fondante et la neige. La raison est que les pneus tournent et demeurent ainsi sur le dessus de la surface, causant un «flottement» que l'on ne retrouve pas nécessairement avec des freins ordinaires. De fait, dans un véhicule qui n'est pas muni de freins ABS, il est possible de bloquer les pneus et de créer ainsi un effet de chasse-neige, ce qui favorise le ralentissement de la voiture et la traction sous la couche de neige ou de gravier.

Le système de freins ABS est pensé pour mieux contrôler le véhicule en cas de freinage d'urgence et non pas pour qu'il s'arrête plus rapidement. Les freins ABS aident à garder le contrôle du véhicule, c'est-à-dire que vous pouvez continuer à tenter de déterminer sa trajectoire, mais ils ne vous garantissent pas un arrêt plus court.

Qu'ont en commun l'alcool, la vitesse et le cellulaire au volant?

L'« effet tunnel », voilà ce qu'ils ont en commun!

Considérons d'abord l'automobiliste qui excède la limite permise en milieu urbain en roulant à 30 km/h au-dessus de cette dernière. Son cerveau doit absorber une quantité phénoménale d'informations en peu de temps (voir la section « Quelle est la tâche la plus complexe... » à la page 42) : voilà qui est trop pour le cerveau, lequel choisit naturellement de se concentrer sur l'essentiel, soit de regarder droit devant, loin devant. C'est ce qu'on appelle « l'effet tunnel », un phénomène dangereux au cours duquel les yeux du conducteur ne balayent plus les abords de la route, d'où peuvent pourtant provenir des véhicules (d'une rue transversale) ou des piétons. Si vous vous souvenez de vos leçons de trigonométrie, vous apprécierez sans doute le fait qu'on a démontré que plus on roule vite, plus notre champ de vision périphérique diminue; ainsi, déjà à 40 km/h, notre champ de vision passe de 180° à 100° et il rétrécit davantage avec l'augmentation de la vitesse.

La vision périphérique diminue avec la vitesse

Vitesse	Champ périphérique
0 km/h	180°
40 km/h	100°
70 km/h	75°
100 km/h	45°
130 km/h	30°

Vitesse et effet tunnel[22]

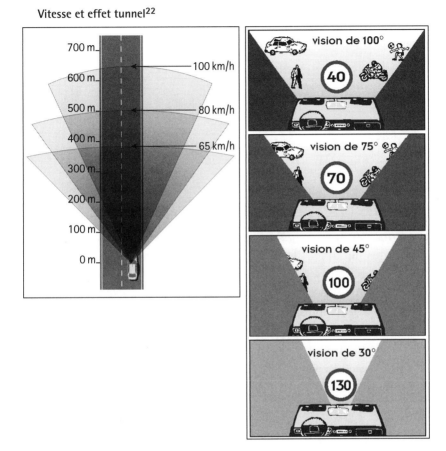

Or, avec une diminution de notre vision périphérique, on risque de ne pas voir les piétons qui pourraient soudainement traverser la route, pas plus que les voitures qui sont de chaque côté.

Le même phénomène se produit chez le conducteur aux facultés affaiblies. Cette fois, comme son cerveau fonctionne au ralenti, il doit lui aussi faire des choix, car même s'il respecte la limite de vitesse, le nombre d'informations qu'il peut traiter est diminué de moitié, sinon davantage. C'est pourquoi il choisit naturellement de s'en tenir à regarder loin devant, et non sur les côtés. Encore une fois, c'est l'« effet tunnel » !

Enfin, le conducteur qui est absorbé dans une conversation télé-phonique doit y investir tant d'attention, par exemple pour préparer une réponse cohérente, qu'il lui en reste bien peu pour garder sa voiture sur sa trajectoire et pallier d'éventuels imprévus. C'est à nouveau l'« effet tunnel »!

Prendre un p'tit coup, c'est agréable!

«Prendre un p'tit coup, c'est agréable!» Voilà un refrain bien connu qui nous fait même sourire. Pas surprenant, car dans notre société, les occasions de fêter et de prendre un verre ne manquent pas : un mariage, un *party* de famille, un *party* de bureau, un pot entre amis, un dîner bien arrosé... toutes les excuses sont bonnes! On n'a aucun remords, d'autant plus que de l'avis de certains médecins, une consommation raisonnable d'alcool peut avoir des effets béné-fiques sur notre santé. Néanmoins, depuis que le véhicule à moteur a vu le jour, des millions d'accidents mortels ont été causés par des conducteurs en état d'ébriété. Dans les années 1970, environ 50 % des décès sur les routes du Québec étaient attribués à l'alcool au volant. Aujourd'hui, cette proportion est tombée à 30 %. Les lois plus sévères, les campagnes de sensibilisation de la SAAQ ainsi que des initiatives populaires telle Opération Nez rouge ont contribué à réaliser ces gains. Or, 30 % des accidents mortels représentent tout de même près de 200 décès annuellement. Pour les jeunes de 16 à 24 ans, la situation est encore plus sombre, puisque l'alcool est en cause dans 33 % des accidents mortels dans lesquels ils sont impliqués.

On prend donc de plus en plus au sérieux le problème de l'alcool au volant. Les études accumulées depuis des décennies démontrent sans équivoque que plus la concentration d'alcool dans le sang d'un conducteur est élevée, plus le risque d'accident augmente, d'autant que ce risque s'accroît de manière exponentielle, comme en fait foi le tableau ci-contre :

Taux d'alcoolémie	Risque d'accident multiplié par un facteur
20 à 50 mg %	2
51 à 80 mg %	5
81 à 150 mg %	24
151 à 210 mg %	176
210 mg et plus %	640

Source : SAAQ

Et encore, le tableau ci-dessus traduit le risque « normal » encouru par un conducteur. Il n'inclut pas de possibles circonstances aggravantes, tels la fatigue et l'état de la route. En somme, plus le taux d'alcoolémie est élevé, plus il y a de risques de catastrophes sur les routes.

Par contre, ce qui est moins connu, c'est que les risques encourus à des taux d'alcoolémie perçus comme relativement bas, par exemple entre 20 et 70 mg, sont tout de même importants. En effet, comme la loi permet la conduite avec un taux d'alcool dans le sang qui peut aller jusqu'à 80 mg d'alcool par 100 ml de sang, plusieurs ont l'impression qu'à 60 ou 70 mg, la conduite d'un véhicule se fera sans risque. Erreur. Le tableau de la page 70, tiré d'un ouvrage de Moskowitz[23], donne une information détaillée des effets de l'alcool sur la conduite automobile à différents taux d'alcoolémie.

Taux d'alcoolémie	Effets observés	Effets sur la conduite
0,02 %	Une perte relative de jugement Relaxation Léger réchauffement du corps Modification de l'humeur	Baisse des fonctions visuelles Diminution de la capacité à effectuer deux tâches en même temps (par ex. : maintenir le véhicule en ligne droite et être attentif à ce qui se passe aux alentours)
0,05 %	Altération du jugement Sensation de bien-être Baisse de la vigilance Relâchement de l'inhibition	Coordination réduite Habileté réduite à dépister les objets en mouvement Difficulté de direction Réponse réduite aux situations d'urgence (par ex. : l'apparition subite d'un piéton)
0,08 %	Affaiblissement de la coordination musculaire (équilibre, élocution, vision, audition, temps de réaction) Altération du jugement, de la maîtrise de soi, du raisonnement et de la mémoire	Problèmes de concentration Perte de la mémoire à court terme Problème de contrôle de la vitesse Capacité de traitement de l'information diminuée (détection des signaux, recherche visuelle) Perception altérée
0,10 %	Détérioration évidente du temps de réaction et du contrôle Difficulté à articuler Ralentissement de la pensée	Habileté réduite à maintenir la trajectoire et à freiner adéquatement Mauvaise coordination
0,15 %	Contrôle musculaire bien en deçà de la normale Nausée et vomissements Perte importante d'équilibre	Incapacité importante à contrôler le véhicule, à prêter attention aux possibles tâches de conduite et à traiter l'information visuelle et auditive

Bien que tout près de 97 % des personnes interrogées (selon un sondage de la SAAQ en 2006) affirment que la conduite avec les facultés affaiblies par l'alcool est inacceptable, il n'en demeure pas moins qu'en dépit des progrès réalisés depuis une quarantaine d'années et malgré toutes les campagnes de sensibilisation sur les dangers de la conduite avec les facultés affaiblies, plusieurs sous-estiment encore les effets que peut avoir la consommation d'alcool sur leur capacité à conduire un véhicule de façon sécuritaire. Est-ce dû au fait qu'après un ou deux verres, on se sent plus sûr de soi, ou au fait que l'euphorie du moment nous fait oublier nos convictions? Difficile à dire. Le comportement humain est imprévisible et parfois contradictoire.

Quoi qu'il en soit, trop souvent, celui qui a bu court le risque de conduire. Or, il n'y a pas que les récidivistes qui sont à l'origine des accidents attribuables à l'alcool. En effet, selon des données de la SAAQ, parmi tous les conducteurs impliqués dans un accident et condamnés, en vertu du Code criminel, pour alcool au volant à la suite de cet accident, 83 % n'avaient aucune sanction à leur dossier et donc 17 % (seulement!) étaient des récidivistes. Pourquoi donc en est-il ainsi? Le récidiviste est dans la plupart des cas une personne qui ne sait pas contrôler sa consommation, qui conduit fort probablement avec un taux d'alcoolémie bien au-delà de 0,20 et est donc au moins 500 fois plus à risque qu'un conducteur sobre de causer un accident (voir le tableau de la page 69). Or, les récidivistes sont peu nombreux par rapport aux buveurs occasionnels, probablement dans une proportion de 1 à 250. Faites le calcul : pour chaque récidiviste (500 fois plus à risque), il y a 250 buveurs occasionnels (10 fois plus à risque), ce qui donne au total un « sur-risque » de 500 par rapport à un « sur-risque » de 2 500, donc cinq fois plus grand. Cela expliquerait la proportion de 1 à 5 exprimée par les pourcentages de 17 % et 83 %.

Tout ça pour dire que l'alcool au volant concerne une proportion importante des conducteurs de véhicules motorisés.

Voici par ailleurs (en page 72) un aperçu des taux d'alcoolémie permis dans différents pays.

Seuils d'alcoolémie nationaux	Exemples de pays
0,00 %	Hongrie, République tchèque, Roumanie, Slovaquie, Ukraine
0,02 %	Suède, Norvège, Pologne, Brésil, Chine
0,03 %	Bosnie, Russie, Inde, Japon
0,04 %	Lituanie
0,05 %	Allemagne, Australie, Argentine, Belgique, France, Israël, Suisse, Tunisie, Thaïlande, Turquie

Comme les effets de l'alcool varient selon notre état de fatigue et parce qu'il est souvent difficile de prévoir à quel moment on aura à prendre le volant après une occasion de consommer, il est plus sage de ne pas utiliser son véhicule pour se rendre à l'endroit prévu. C'est d'ailleurs pour cela que la SAAQ a adopté le nouveau slogan : « Quand on boit, on ne conduit pas ! »

Enfin, on sait depuis 1986 que les jeunes sont plus à risque au volant après avoir consommé de l'alcool que les conducteurs plus âgés. En effet, selon une étude réalisée par la Fondation de recherches sur les blessures de la route au Canada (voir la référence 12 de la bibliographie), pour une même alcoolémie, les jeunes présentent un risque relatif d'accident mortel beaucoup plus élevé que les conducteurs plus âgés. On trouve cette différence autant à des taux d'alcool élevés (c'est-à-dire plus de 80 mg d'alcool par 100 ml de sang) qu'à des taux d'alcool plus bas (entre 10 et 79 mg/100 ml).

De plus, toujours selon cette étude, ce risque est encore plus prononcé chez les 16-19 ans. Ainsi, comme on peut l'observer dans le graphique ci-contre, chez ces jeunes conducteurs, le risque d'avoir un accident fatal est 9 fois plus élevé entre 50 et 79 mg, 40 fois plus élevé entre 80 et 99 mg, 100 fois plus élevé entre 100 et 149 mg et enfin 400 fois plus élevé au-delà de 150 mg.

Risque relatif d'avoir un accident fatal selon l'alcoolémie et l'âge des conducteurs[22]

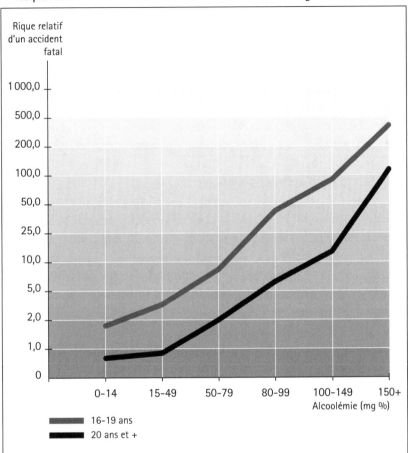

Le conducteur gelé...

Le cannabis est la drogue illicite la plus consommée au Québec, comme c'est d'ailleurs le cas à peu près partout dans le monde. Contrairement au consommateur d'alcool, le conducteur ayant consommé du cannabis sera peu enclin à courir des risques. Aussi surprenant que cela puisse paraître pour le non-consommateur, il aura même tendance à réduire sa vitesse. « Où est le problème alors? » direz-vous. En fait, le système nerveux central du conducteur « gelé » tourne au ralenti. Voici quelques effets observables chez un consommateur de cannabis au volant d'un véhicule :

- problèmes de concentration;
- coordination déficiente;
- difficulté à garder sa vitesse constante;
- mauvaise évaluation des distances, car le cannabis altère les perceptions;
- temps de réaction plus long.

Une étude de la SAAQ portant sur des conducteurs décédés révèle que 13,1 % d'entre eux avaient consommé du cannabis, 9,2 % une benzodiazépine (médicaments psychotropes) et 4,7 % de la cocaïne[24]. De surcroît, le conducteur ayant consommé du cannabis a aussi d'autres substances dans le sang, de l'alcool bien souvent. Le facteur de risque d'être impliqué dans un accident avec dommages corporels vient donc de s'accroître dramatiquement.

La marche avec les facultés affaiblies

Comme on vient de le voir, au cours des 40 dernières années, des gains importants ont été réalisés au Québec dans la lutte contre la conduite avec les facultés affaiblies. Cela dit, certains seront surpris d'apprendre que, parmi les décès liés aux accidents de la route, on retrouve plusieurs piétons avec les facultés affaiblies.

En effet, selon les données de la SAAQ, entre 2003 et 2007, au moins 54 piétons ayant un taux d'alcool supérieur à 80 mg/100 ml ont été heurtés mortellement par un automobiliste. Surprenant? Pas forcément. Certes, quand on prend un verre de trop, il est recommandé de ne pas prendre le volant, mais alors comment retourner à la maison? Selon un slogan bien connu, on ne prend jamais un taxi de trop, mais qu'en est-il lorsqu'on n'a que deux pâtés de maisons à parcourir pour rentrer? Pourquoi ne pas faire le trajet à pied? Certains auront même l'impression qu'il s'agit là de la solution optimale pour rentrer en toute sécurité! Pourtant...

Sur le trajet qu'empruntera le piéton, il y aura probablement des voitures et par le fait même des risques. Il faut donc être conscient qu'avec quelques verres dans le nez, on est moins alerte, on réagit moins vite, on peut même facilement perdre l'équilibre. Somme toute, même marcher peut devenir une activité périlleuse, surtout si on doit traverser une voie publique où les automobiles foisonnent. Il faut aussi considérer le fait que c'est plus souvent le soir que les occasions de fêter se présentent, un moment où il fait sombre. Les risques qu'un automobiliste heurte un piéton sont par conséquent plus élevés.

Bref, si vous avez pris un verre de trop, l'essentiel est de rentrer du bon pied, mais pas forcément à pied! À moins d'avoir recours à l'assistance d'un marcheur désigné!

Au lit... conducteur fatigué

Sous-estimée, la fatigue contribue souvent aux accidents avec dommages corporels. Selon des données recueillies par la SAAQ, 32 % des Nord-Américains dorment moins de 6 heures par jour. C'est énorme, d'autant plus qu'on sait que la plupart des gens ont besoin de 7 à 8 heures de sommeil pour bien reprendre des forces. Toujours selon des données de la SAAQ, un manque de sommeil de deux heures suffirait à altérer les facultés cognitives et motrices d'une personne. Pour donner un exemple concret, on peut comparer l'état d'un conducteur n'ayant pas dormi depuis 19 heures à l'état de quelqu'un qui aurait 0,05 g d'alcool dans le sang. Le conducteur en état de fatigue aura par conséquent des réactions plus lentes d'approximativement 50 % (quand même!) en plus de manquer de précision dans ses mouvements. Allez, n'attendez plus, au lit... dès que vous ressentez la fatigue!

Êtes-vous attaché à la vie?

Le 13 août 2009, on fêtait le 50ᵉ anniversaire de l'invention de la ceinture de sécurité à trois points. L'invention revient au Suédois Nils Bohlin, un ingénieur de Volvo. Il s'agissait là d'une invention prodigieuse, parfaitement adaptée à la morphologie des passagers d'un véhicule. On considère cette invention comme la mesure de santé publique la plus efficace et la moins coûteuse en sécurité routière. On estime à un million le nombre de vies sauvées dans le monde grâce au port de la ceinture de sécurité. Ce nombre serait encore plus élevé si plus de pays imposaient le port de la ceinture de sécurité. Moins de 50 % le font!

Voici quelques chiffres qui motivent son utilisation.

À 50 km/h, une collision contre un mur peut se comparer à une chute du haut d'un immeuble. En effet, l'impact d'une telle collision équivaut à une chute de 10 mètres, la raison étant que la pression qui s'exerce sur le corps en mouvement multiplie le poids par 35 au moment d'un impact.

Vitesse d'impact au moment du choc avec une chute de différentes hauteurs

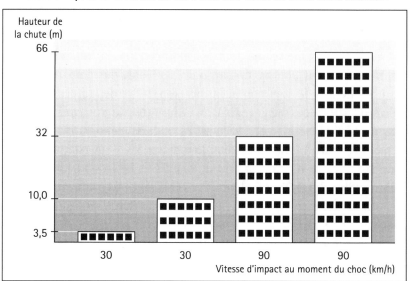

Heureusement, le choc à une vitesse de 50 km/h peut être considérablement amorti par le port de la ceinture de sécurité.

Pourtant, certains conducteurs et passagers choisissent quand même de ne pas s'attacher, ou alors le font sporadiquement, mais comme on ne sait jamais quand on en aura besoin, il vaut mieux la porter en tout temps! Le taux de port de la ceinture de sécurité au Québec est actuellement de 93 %. Curieusement, selon les statistiques de la SAAQ, plus il est tard dans la nuit, moins on porte la ceinture. Ainsi, seulement 88 % des conducteurs et 85 % des passagers de la banquette avant porteraient la ceinture entre 22 h et 3 h 30.

Il est ironique de constater que les conducteurs qui consomment de l'alcool et des drogues et qui sont, par conséquent, beaucoup plus à risque d'être impliqués dans un accident de la route sont précisément ceux qui s'attachent le moins, comme en fait foi le tableau ci-dessous.

Non-port de la ceinture de sécurité chez les conducteurs décédés par rapport à la présence d'alcool ou de drogues

Pas d'alcool ou de drogues	16 %
Avec drogues licites	24 %
Avec drogues illicites	27 %
Avec alcool seulement	38 %
Avec alcool et drogues	48 %

La SAAQ rappelle que toute augmentation de 1 % du taux d'utilisation de la ceinture engendre une diminution moyenne de 8,5 décès par année. Ainsi, au Québec, si tous les passagers s'attachaient aussitôt qu'ils montent à bord d'un véhicule, ce n'est pas moins de 65 vies qu'on pourrait sauver annuellement!

Rouler sur quatre cartes postales

Pouvez-vous imaginer un objet de 400 kg reposant sur un espace de la taille d'une carte postale? C'est pourtant ce que vous vivez quotidiennement au volant de votre voiture, puisque la zone de contact de chaque pneu de votre véhicule équivaut pratiquement à la dimension d'une carte postale.

En moyenne, le poids d'un véhicule de promenade est d'environ 1 600 kg, soit l'équivalent du poids de 32 personnes. C'est l'air contenu dans les pneus qui supporte ce poids et il agit, en quelque

Source : Bridgestone

sorte, comme un ressort. C'est grâce à la friction du pneu sur le revêtement de la route que la voiture peut avancer, tourner et s'arrêter.

Peu de conducteurs sont conscients que la qualité et le bon entretien des pneus sont donc d'une importance capitale pour la sécurité du conducteur, de ses passagers et des autres usagers de la voie publique.

Avez-vous un sou noir dans vos poches?

- Tous les pneus possèdent des indicateurs d'usure, lesquels apparaissent dans les sillons principaux.
- Si les sculptures ne mesurent pas plus de 1,6 mm de haut, il est grandement temps de remplacer vos pneus.

Astuce

Une façon simple de savoir s'il est temps de changer un pneu est d'insérer une pièce de 1 cent entre deux sculptures : si la tête de la reine est entièrement visible, c'est que le pneu est trop usé!

Avec le temps, le pneu se dégonfle, car il est fait de caoutchouc, une matière poreuse. On devrait donc vérifier la pression des pneus régulièrement (au moment où le pneu est froid), idéalement chaque mois.

Outre la sécurité, il y a aussi l'écologie. En 2006, une étude réalisée dans 19 pays d'Europe a révélé que le fait que les pneus ne soient pas suffisamment gonflés avait entraîné un gaspillage de 5,3 milliards de litres d'essence[25].

Vous croyez que la science du pneu n'évolue pas? On a découvert que la baisse de pression dans les pneus est moins importante lorsque les pneus sont gonflés à l'azote que lorsqu'ils le sont à l'air, car la molécule d'azote est plus grosse et traverse donc plus lentement les pores du caoutchouc. C'est pourquoi, de plus en plus, on gonfle les pneus à l'azote. La perte moins importante de pression a pour effet d'améliorer la manœuvrabilité du véhicule et de réduire les risques d'usure irrégulière, ce qui, encore une fois, diminue la surconsommation d'essence. Les pneus gonflés à l'azote sont habituellement munis d'un capuchon vert : portez attention dans les stationnements et vous constaterez qu'on en retrouve de plus en plus!

Le Québec, c'est aussi l'hiver. Or, en hiver, la distance de freinage d'une voiture est beaucoup plus courte si le véhicule est muni de pneus d'hiver que s'il est chaussé de pneus quatre-saisons. En effet, la distance de freinage est alors réduite de 20 %. Il est donc beaucoup plus sécuritaire de munir sa voiture de pneus d'hiver pendant la froide saison que de ne pas le faire. Ainsi, avant l'hiver 2008-2009, 90 % des conducteurs choisissaient la sécurité. Les véhicules des autres 10 % étaient pour la plupart chaussés de pneus quatre-saisons. Or, dans 38 % des accidents avec blessés en saison hivernale, au moins un des deux véhicules était chaussé de pneus quatre-saisons. Voilà qui démontre de façon éloquente la pertinence des pneus d'hiver. Le Code de la sécurité routière oblige maintenant tous les propriétaires de véhicules de promenade à munir leur voiture de pneus d'hiver, et cela, du 15 décembre jusqu'au 15 mars. Cette mesure s'est-elle avérée efficace? Oui. D'une part, 99 % des conducteurs munissent maintenant leur voiture de quatre pneus d'hiver. D'autre part, lorsqu'on compare les bilans routiers des années 2008 et 2009, on constate une baisse des accidents avec blessés de 11 %. Enfin, si on compare les bilans des deux derniers hivers, on observe que la diminution des accidents atteint les 16 %. Or, une des explications plausibles de cette différence est l'entrée en vigueur de la mesure sur les pneus d'hiver.

On parle de neige, mais cette dernière finit inévitablement, au printemps, par se transformer en eau et nous devons alors faire face à une autre problématique : l'aquaplanage. Le pneu est conçu pour évacuer l'eau, ce qui permet une meilleure adhérence sur la route et donc un meilleur contrôle du véhicule. Ainsi, lorsque le pneu est usé ou lorsqu'il y a une accumulation importante d'eau sur le sol, cela peut créer le phénomène de l'aquaplanage. La morale : assurez-vous d'avoir des pneus de qualité, en bon état, et évitez les grandes flaques d'eau!

La quatrième cause de décès sur les routes : une lutte chaudement disputée!

De 85 % à 90 % des décès sur les routes sont causés par une erreur – consciente ou non – du conducteur. Il suffit de lire le journal le lundi matin pour s'en convaincre! Les deux principales causes sont l'alcool et la vitesse, parfois un mélange des deux. La conduite avec les facultés affaiblies par l'alcool ou la drogue est responsable d'environ 30 % des décès sur les routes. La vitesse arrive au deuxième rang avec approximativement 22 %. Comme il arrive souvent que les deux facteurs entrent en jeu, les experts disent que l'alcool et la vitesse sont responsables de 50 % des décès sur les routes.

Et la troisième place? Selon les professionnels de la SAAQ, la fatigue au volant serait un facteur déterminant dans 22 % des décès et dans 20 % des accidents avec blessures corporelles. Au même titre que l'alcool, l'accumulation de fatigue diminue la capacité d'un conducteur d'effectuer des tâches qui nécessitent de l'attention, du jugement et des réflexes. Par ailleurs, même s'il est bien connu que les cas de conduite en état de fatigue sont nettement plus fréquents chez les conducteurs d'un véhicule lourd puisqu'ils sont plus longtemps sur la route, il n'en demeure pas moins que le conducteur d'un véhicule de promenade surestime souvent sa capacité à conduire de façon sécuritaire pendant plusieurs heures sans faire de pause.

Et la quatrième place? Là, la lutte est plus serrée. Le téléphone portable, le non-respect des feux de circulation, les risques de blessure qu'entraîne le non-port de la ceinture, autant de causes qui se font la lutte pour la quatrième place! En France, on attribue 7,5 % des décès à l'utilisation du cellulaire au volant (téléphone en main ou appareil mains libres). Au Québec, alors qu'on n'a pas encore de données aussi précises sur le nombre de décès attribués au cellulaire, tout porte à croire que l'ampleur du problème pourrait être du même ordre. Ensuite, selon Transports Canada, l'omission de respecter les feux et les panneaux de circulation installés aux intersections serait la cause de 20 % de tous les décès sur nos routes. Ces statistiques ne tiennent cependant pas compte du fait que plusieurs des conducteurs qui ne respectent pas ces obligations d'arrêt sont en état d'ébriété, ce qui nous amène à nuancer cette donnée de 20 %. Quant au non-port de la ceinture, la SAAQ affirme qu'au Québec, 65 décès par année pourraient être évités si chaque passager portait sa ceinture de sécurité. Bien sûr, ce n'est pas le non-port de la ceinture qui peut causer un accident, mais il peut entraîner la mort s'il y a collision. Le non-port de la ceinture serait donc la cause de 8 % à 9 % des décès sur les routes du Québec.

La lutte pour la quatrième place est donc très serrée, mais souhaitons qu'aucune des causes énumérées ci-dessus ne l'emporte!

Les mathématiques à la rescousse de l'engorgement des autoroutes

Vous est-il déjà arrivé de vous trouver dans un bouchon de circulation et d'en sortir en constatant qu'il n'y avait aucun accident, aucune voiture en panne, aucune obstruction sur la voie, somme toute aucune raison apparente de voir le trafic ralentir ainsi? De tels bouchons fantômes se forment souvent lorsque le volume de trafic est élevé. En effet, il arrive que lorsque le trafic est très dense, une petite perturbation, causée par exemple par un conducteur qui applique soudainement les freins, entraîne une réaction en chaîne qui s'amplifie au point de créer un formidable bouchon, voire un carambolage.

Une équipe de chercheurs du Massachusetts Institute of Technology (MIT) dirigée par Morris Flynn, maintenant professeur à l'Université de l'Alberta, a développé un modèle mathématique[26] qui décrit comment et dans quelles conditions de tels bouchons sont créés. Il s'avère que le modèle de tels bouchons est en plusieurs points semblable aux équations des vagues d'une détonation produite par des explosifs. Les équations sont en réalité semblables à celles qu'on trouve en mécanique des fluides et elles peuvent simuler la création de bouchons de circulation. Les variables, tels la vitesse et l'écart moyen entre les voitures, sont utilisées pour prédire les conditions pouvant mener à la formation d'un bouchon artificiel, en combien de temps il atteindra sa masse critique et, enfin, combien de temps il faudra pour qu'il se dissipe.

Il va de soi qu'au moment de la création des bouchons, le risque d'accident est plus élevé. C'est pourquoi le modèle mathématique peut être utilisé pour identifier la densité de trafic sur une route donnée et la vitesse maximale qui devrait être permise sur de telles routes, le tout afin que ces dernières demeurent sécuritaires.

Il s'avère qu'une méthode efficace pour prévenir la formation de bouchons artificiels est de contrôler l'accès aux autoroutes. Par exemple, depuis quelque temps, dans certains États américains, à chaque point d'accès aux grandes autoroutes, on a placé des feux de circulation qui permettent de contrôler le flot du trafic. De prime abord, on aurait pu croire qu'il se créerait ainsi d'immenses embouteillages à l'entrée des autoroutes. Au contraire : en contrôlant l'accès grâce à des modèles mathématiques, on arrive à dégager les entrées tout en maintenant un écoulement régulier sur la voie principale. Les mathématiciens se sont basés sur une simple observation : la réaction en chaîne causée par des conducteurs qui appliquent inutilement les freins. En effet, lorsqu'un conducteur décèle un ralentissement devant lui, il a le réflexe naturel d'appliquer les freins, la plupart du temps très légèrement. Cela entraîne néanmoins une vague de freinage (une réaction en chaîne) chez les conducteurs qui sont derrière lui, engendrant alors une diminution de la vitesse dans la file d'automobiles, ce qui peut causer un bouchon de circulation non justifié. Ainsi, le fait de contrôler l'accès à la voie principale évite de produire des bouchons artificiels.

On a même appliqué cette mesure à l'entrée du Lincoln Tunnel à New York. Le défi était de taille. En effet, comment pouvait-on augmenter la quantité de véhicules traversant le tunnel alors que celui-ci était déjà continuellement bloqué? Les mathématiciens ont suggéré aux ingénieurs de placer des feux de circulation à l'entrée du tunnel pour maintenir la constance du flot de circulation à l'intérieur de ce dernier. Le résultat : davantage de voitures traversent le tunnel chaque jour!

Une technique semblable est utilisée à l'abord du pont Pierre-Laporte à Québec, avec des résultats tout aussi encourageants.

CHAPITRE 4

Les attitudes de tout un chacun

Quand la réalité défie l'intuition

Prenez une feuille de papier et pliez-la en deux. À nouveau, pliez-la en deux : elle sera alors pliée en quatre. Répétez une autre fois : vous voilà avec une feuille pliée en huit. Si la feuille originale avait une épaisseur de 0,01 cm, la feuille pliée en huit aurait une épaisseur de 0,08 cm. On a donc plié une feuille trois fois sur elle-même et nous voilà avec une épaisseur de 0,08 cm. Bien sûr, si on continue, après avoir plié la feuille 6 ou 7 fois, on commencera à avoir de la difficulté à plier physiquement la feuille. Or, en supposant qu'on puisse théoriquement poursuivre le processus de pliage, disons en la pliant sur elle-même en tout 42 fois, de quelle épaisseur sera la pile résultante? 10 cm? 1 m? 10 m? Il semblerait, si on se fie à notre intuition, que ça ne devrait pas donner une si grosse épaisseur! En réalité, si on plie cette feuille 42 fois sur elle-même, on obtiendra une épaisseur de 439 804 kilomètres (faites vous-même le calcul! — référez-vous à l'encadré si vous avez besoin d'aide), soit un peu plus que la distance de la Terre à la Lune. Pourtant, si on s'était fié à notre première impression, on aurait juré que l'épaisseur serait à peine de quelques centimètres ou tout au plus quelques mètres!

> Pour calculer l'épaisseur d'une feuille de papier pliée 42 fois, on procède comme suit :
>
> $$0{,}01 \times 2^{42} \text{ cm} = 43\,980\,465\,111{,}04 \text{ cm}$$
>
> soit approximativement 439 804 kilomètres, puisqu'il y a 100 000 centimètres dans un kilomètre.

C'est dire que la réalité peut parfois défier notre intuition, et cela même en matière de conduite automobile, comme on va maintenant le constater. En effet, on a tous nos convictions personnelles concernant la conduite automobile, lesquelles sont la plupart du temps basées sur notre intuition ou encore sur une première impression. Par exemple, une étude de l'INSPQ établit que 95 % des automobilistes jugent leur vitesse personnelle sécuritaire. Pourtant, on sait que dans 30 % à 50 % des accidents mortels, la vitesse est un facteur déterminant. Ce n'est qu'un exemple montrant que notre perception de la réalité est très subjective. En effet, notre opinion est essentiellement fondée sur notre intuition, laquelle est pourtant loin de la réalité. Voici quelques perceptions populaires confrontées aux faits :

- **« J'ai peur de prendre l'avion : c'est beaucoup trop risqué. Je trouve beaucoup plus sécuritaire de me déplacer en voiture ! ».**

   Contrairement à ce que pense le citoyen ordinaire, il y a 1 300 fois plus de risque de mourir dans un accident d'automobile que dans un accident d'avion. En effet, par année, on dénombre au moins 1 000 décès en avion contre environ 1 300 000 sur les routes du monde entier ! D'ailleurs, en 2008, on dénombrait 519 pertes de vies humaines dans les accidents d'avions commerciaux (voir le site www.peuravion.com). Selon une enquête de l'Université de Cornell[27], dans les deux années qui ont suivi les attentats du 11 septembre 2001, les Étasuniens ont préféré conduire que prendre l'avion, ce qui a occasionné la mort de 2 302 personnes de plus qu'à l'accoutumée.

- **La plupart des accidents mortels ont lieu durant la période hivernale. Il est donc plus sécuritaire de rouler sur les routes l'été que l'hiver.**

   FAUX. Au Québec, de 2003 à 2008, les accidents de la route ont causé en moyenne 279 décès de novembre à avril, alors qu'ils en ont causé 371 de mai à octobre. Somme toute, une centaine de décès de plus l'été que l'hiver. Pourquoi en est-il ainsi? Plusieurs facteurs entrent en jeu :

- Lorsque les chaussées ne sont pas enneigées, les conducteurs ont l'impression qu'ils peuvent rouler plus vite en toute sécurité. Or, on oublie malheureusement que la gravité des collisions augmente de façon exponentielle avec la vitesse!
- Le beau temps et les vacances amènent davantage d'occasions de fêter, de consommer de l'alcool, avec souvent de longs déplacements pour participer à ces fêtes.
- Il y a plus de catégories d'usagers sur les routes en période estivale : motocyclistes, cyclistes, et davantage de piétons.

La confusion vient peut-être du fait qu'il y a effectivement plus de collisions l'hiver, en particulier à cause des dérapages, mais celles-ci entraînent davantage de dommages matériels que de drames humains.

- Il y a beaucoup plus d'accidents avec blessés graves sur les routes en soirée qu'en plein après-midi.

Les accidents routiers mortels liés à la fatigue en fonction de l'heure de la journée - Influence de l'horloge interne

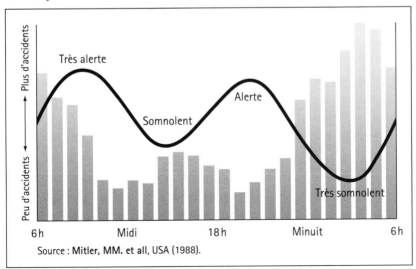

Source : Mitler, MM. et all, USA (1988).

FAUX. En raison de notre rythme biologique, la température de notre corps est plus basse en après-midi qu'en début de soirée. Or, lorsque notre température baisse, on a sommeil, d'où le risque accru d'accidents.

- Rouler en milieu urbain à 75 km/h plutôt qu'à la limite permise de 50 km/h est seulement 50 % plus risqué, ce qui signifie que le risque est multiplié par un facteur de 1,5.

FAUX. Le risque est multiplié par un facteur de 32 (et non de 1,5). En effet, une étude réalisée en Australie[28] démontre qu'à chaque tranche de 5 km/h au-dessus de la limite permise, on double le risque d'être impliqué dans un accident avec blessés.

- Avec une alcoolémie de 60 à 70 mg par 100 ml d'alcool dans le sang, on est en parfait état pour conduire un véhicule.

FAUX. Les études les plus récentes confirment que déjà à 20 mg, les tâches requises pour la conduite d'un véhicule automobile sont affectées (voir les tableaux des pages 69 et 70). À 50 mg, il y a diminution importante de la vision périphérique, perte de la perception de la profondeur et diminution des réflexes. Ainsi, le conducteur dont le taux d'alcool est situé entre 50 mg et 80 mg est au moins quatre fois plus à risque d'être impliqué dans un accident avec blessés.

« C'est pas moi, c'est les autres! »

Le comportement de beaucoup d'automobilistes est pour le moins paradoxal. En effet, comment peut-on concilier les données statistiques suivantes de la SAAQ? 83 % des Québécois croient qu'il est très important d'amener les automobilistes à rouler moins vite en zone de 50 km/h. Pourtant, plus d'un conducteur sur deux dépasse les limites de vitesse en milieu urbain. En d'autres mots, « c'est pas moi, c'est les autres ! » Non seulement on surestime notre habileté à conduire un véhicule automobile de façon sécuritaire, mais, de surcroît, on est persuadé que ce sont les autres qui ne font pas preuve de prudence au volant. D'où vient donc cette assurance qui caractérise tant d'automobilistes ? Difficile à dire : cela semble inhérent au comportement paradoxal de l'être humain.

Un autre domaine où on a souvent tendance à se déresponsabiliser est celui de la conduite avec les facultés affaiblies. Les récidivistes de l'alcool au volant font souvent les manchettes et les tribunes téléphoniques en font fréquemment leurs choux gras. Ainsi, on tombe souvent à bras raccourcis sur ces récidivistes qui ont été pris en flagrant délit pour une 5e, une 6e, une 7e, voire une 15e fois. Tout en critiquant notre système judiciaire, on en profite pour réclamer que les actions des forces policières en matière d'alcool au volant soient davantage concentrées autour des contrevenants qui abusent largement de l'alcool. On peut voir là une déculpabilisation de notre propre comportement. En effet, le buveur occasionnel qui prend souvent le volant de son véhicule alors que son taux d'alcoolémie se situe aux alentours de la limite légale trouve un certain réconfort dans le fait d'entendre aux nouvelles que quelqu'un s'est fait prendre à 200 mg. Il est encore davantage rassuré si le fautif en est à sa dixième offense. C'est comme si de telles actions spectaculaires venaient soudainement diminuer l'importance d'une délinquance non moins grave, soit celle de la conduite automobile avec un taux d'alcoolémie de 80 mg. Encore une fois, « c'est pas moi, c'est les autres ! » Pourtant, il est bon de rappeler les statistiques de la SAAQ : 70 % des arrestations pour alcool au volant concernent un conducteur qui en est à sa première infraction pour conduite avec les facultés affaiblies. C'est dire que les récidivistes ne sont pas les seuls coupables !

Une autre catégorie d'individus qui ont tendance à se déculpabiliser en matière de conduite automobile est celle des parents. En effet, trop souvent, les parents se disent surpris d'apprendre que leur enfant a été arrêté pour avoir fait un grand excès de vitesse ou pour avoir conduit avec les facultés affaiblies. Les parents n'ont-ils pas une part de responsabilité par rapport à ces comportements? La plupart des psychologues vont confirmer que les parents sont des exemples, que leur comportement influence largement celui de leurs enfants, incluant la façon dont ceux-ci conduisent un véhicule automobile. Et pourtant, on entend souvent des parents se plaindre que si leurs enfants sont impliqués dans des accidents, c'est parce que les lois ne sont pas assez sévères, c'est la faute de l'État! Encore une fois, « c'est pas moi, c'est les autres! »

« Je suis contre! »

Au début des années 2000, la sécurité routière était au Québec le cinquième enjeu de société. Or, dans un sondage effectué en novembre 2008[29], elle était devenue le deuxième enjeu de société (derrière le réchauffement climatique). Pourquoi un tel changement? C'est qu'avec la création de la Table québécoise de la sécurité routière, les nombreuses campagnes de sensibilisation de la SAAQ, la présence policière accrue sur les routes et l'entrée en vigueur progressive des différentes mesures des lois 42 et 55 (amendes salées pour les grands excès de vitesse, interdiction du cellulaire au volant, introduction des radars photo, etc.), on parle de plus en plus de sécurité routière dans les médias et sur la place publique. Les usagers de la route se sentent interpellés quant à leur façon de se comporter sur la voie publique, ils comprennent qu'ils sont responsables de leur conduite. En somme, la plupart des Québécois voient d'un bon œil les différentes mesures mises de l'avant pour améliorer le bilan routier, mais pas tous! Certains n'essaient pas de comprendre le pourquoi de telle ou telle mesure : leur réflexion s'arrête malheureusement à la première impression. Par exemple, pour certains, la vitesse n'est pas une cause d'accidents. Selon ces personnes, les accidents sont plutôt causés par le piteux état des routes, à plus forte raison l'hiver lorsque ces dernières ne sont pas bien déneigées et déglacées. Aucune autre nuance. Leur niveau de réflexion s'arrête là. C'est d'ailleurs ce type de discours que l'on entend souvent sur certaines tribunes téléphoniques. Par exemple :

– *Je suis contre!*

– *Mais pourquoi donc?*

– *Je suis contre!*

– *Oui, mais pouvez-vous m'expliquer pourquoi?*

– *C'est juste une taxe de plus pour renflouer les coffres du gouvernement!*

– *Mais non, au contraire! Saviez-vous que l'argent récolté grâce aux amendes des radars photo sera placé dans le Fonds de sécurité routière, dont une partie servira à l'implantation de nouvelles mesures de sécurité routière, alors que l'autre partie sera remise à des associations de victimes de la route?*

– *Ça fait rien, je suis contre quand même!*

– *Mais pourquoi alors?*

– *C'est juste un truc pour nous piéger!*

– *Mais saviez-vous que les endroits où sont installés les radars photo sont annoncés un kilomètre à l'avance ainsi que 250 mètres juste avant?*

– *Non, mais je suis contre pareil!*

– *D'accord, mais saviez-vous que partout où on a installé ce type d'appareil, les automobilistes ont ralenti et on a enregistré une baisse du nombre d'accidents graves?*

– *Non, mais je suis contre!*

– *Mais vous n'êtes tout de même pas contre le fait que le gouvernement tente d'améliorer le bilan routier, en utilisant par exemple ce nouvel outil technologique qui a fait ses preuves? Pourquoi seriez-vous contre?*

– *Mais j'ai jamais dit que j'étais contre!*

L'expérience démontre que plus les individus sont informés quant à la pertinence et à l'efficacité des radars photo, plus ils sont d'accord avec la mesure. D'ailleurs, un sondage effectué en juillet 2009 révèle que 83 % de la population est en faveur de l'utilisation des radars photo pour diminuer la vitesse sur les routes du Québec. On obtient des chiffres analogues pour l'ensemble des mesures mises de l'avant pour améliorer le bilan routier, à condition bien sûr qu'on prenne le temps d'informer la population de leur pertinence.

« Touchez pas à ma routine ! »

La résistance au changement est sans doute un des plus grands obstacles à l'amélioration du bilan routier.

L'être humain est une entité extrêmement complexe et ses agissements le sont tout autant. Ainsi, pour arriver à vivre au quotidien, l'individu tente constamment de simplifier ses tâches et, pour ce faire, il cherche des repères. C'est pourquoi, dans nos activités quotidiennes, nous sommes pour la plupart réglés comme des horloges. On se lève à la même heure, on emprunte le même trajet pour se rendre au travail et on roule toujours à la même vitesse. Si on est obligé de faire un détour, si minime soit-il, cela nous dérange. On craint les perturbations ; elles nous affectent parce qu'elles sont synonymes de changement.

— *« Quelques verres de bière ou de vin, c'est normal, c'est samedi soir et on est entre amis dans un bar. »*

— *« On s'est rendu en voiture et après tout, pourquoi se serait-on déplacés autrement, c'est ce qu'on fait tout le temps ! »*

Ce sont des habitudes ancrées, une routine établie. C'est pourquoi la mesure proposant de rendre illégale la conduite avec une alcoolémie supérieure à 0,05 g soulève tant de passion au Québec. Cette mesure obligerait les conducteurs à modifier non pas leur consommation d'alcool, mais leur retour à la maison. C'est ce qui perturbe les gens :

c'est précisément pour cette raison que cette mesure se heurte davantage à la résistance au changement qu'à la raison des automobilistes.

Somme toute, l'amélioration du bilan routier passe nécessairement par la modification des habitudes des automobilistes et le véritable défi... il est là!

Alors, que faire? Toute solution passe par l'information et le temps. D'une part, l'information est essentielle, car l'automobiliste ne modifiera pas son comportement s'il n'est pas convaincu de la pertinence et des bienfaits du changement. D'autre part, le temps doit faire son action. En effet, il faut que l'automobiliste puisse se créer de nouveaux repères. Avec le temps, ces derniers vont lui permettre de s'installer dans une nouvelle routine, celle-là plus sécuritaire, et ce, jusqu'au prochain changement!

Deux écoles de pensée

Il existe en sécurité routière deux écoles de pensée quant aux actions qu'il faut entreprendre pour améliorer le bilan routier. La première, la plus traditionnelle, est celle qui fait confiance à la nature humaine. Elle présuppose que tout être humain peut être ramené à la raison ou peut, moyennant certaines mesures dissuasives, adopter un comportement responsable. L'autre école fait moins confiance à l'intelligence du conducteur et à son sens des responsabilités. Elle prône plutôt des mesures passives qui viendront éliminer sinon minimiser les conséquences d'éventuels comportements délinquants du conducteur : installations dans tout véhicule, comme équipements standards, de coussins gonflables, de limiteurs de vitesse adaptatifs et d'antidémarreurs éthylométriques passifs, construction de carrefours giratoires en remplacement des intersections avec arrêts ou feux de circulation, conception d'abords de routes qui pardonnent en cas d'accident. Ce deuxième point de vue est en général celui que l'on trouve parmi ceux qui œuvrent en santé publique.

Plutôt que d'opposer ces deux écoles de pensée, il vaut sans doute mieux tirer le meilleur parti des deux, puisqu'en réalité, elles sont complémentaires.

Le pouvoir des mots

Il est de ces termes que la langue populaire utilise et qui marquent les esprits! C'est ainsi que dans les colonnes de chiffres du bilan routier de la France, on utilise les termes « tués » au lieu de « morts » ou « décès », laissant ainsi entendre qu'il s'agissait d'actes volontaires ou prémédités.

Toujours en France, il existe une association appelée la Ligue contre la violence routière, dont la mission est « d'agir pour que la plus meurtrière des délinquances en France soit traitée avec la gravité qu'elle mérite », qualifiant l'état du bilan routier d'« insécurité routière ».

La langue anglaise se prête bien à des slogans courts et percutants. Ainsi, pour inciter les automobilistes à boucler leur ceinture de sécurité, on peut s'y prendre de diverses façons. En Australie, les autorités ont affiché sur des panneaux routiers le slogan *No Belt. No Brains.* (signifiant qu'il n'est pas intelligent de ne pas attacher sa ceinture). Toujours en Australie, devant le bilan désastreux de 2001 dans l'État de Victoria (444 tués, un record sur les routes en dix ans), un forum ministériel a lancé, en 2002, la stratégie *Arrive Alive* (ou *Arrivez en vie*), laquelle est également devenue un slogan connu de tous. Aux États-Unis, on attaque directement le porte-monnaie de l'automobiliste avec le slogan *Click It or Ticket* (soit un jeu de mots qui signifie que celui qui ne s'attache pas est sujet à l'amende). De même, aux États-Unis, le slogan *On the Road, Off the Phone* était en 2000 au centre d'une campagne de sensibilisation sur les dangers de l'utilisation du téléphone cellulaire au volant. Dans les quatre cas, on attire l'attention de l'automobiliste par des mots qui frappent l'imagination.

La vision zéro, une autre façon de penser

Plusieurs pensent encore que les nombreuses pertes de vie sur nos routes sont le prix à payer pour maintenir notre mobilité, à laquelle nous tenons tant. « On n'a qu'à s'y faire », prétendent-ils. Ce n'est toutefois pas le point de vue des Suédois. En 1997, fort de l'appui national, le Parlement suédois a adopté la Vision zéro, lequel présente un avenir dans lequel personne ne serait tué ou grièvement blessé dans un accident de la route en Suède. Voici d'ailleurs un extrait de la décision parlementaire :

Le Parlement suédois soutient la proposition du gouvernement visant à donner une nouvelle direction à la sécurité routière, basée sur la « Vision zéro ». À long terme, l'objectif est que personne ne soit tué ni gravement blessé à la suite d'un accident sur le réseau routier. Pour atteindre cet objectif, la conception et les performances du système de déplacement doivent être adaptées aux exigences de la Vision zéro. La responsabilité en matière de sécurité routière doit être partagée entre les usagers de la route et les concepteurs du système de développement, y compris les gestionnaires routiers, les constructeurs automobiles et les transporteurs privés.

Une telle vision globale était inexistante auparavant. Concrètement, cela veut dire que chaque fois qu'il y a un accident avec décès ou avec blessé grave, on examine avec soin la nature de l'accident afin qu'un tel événement ne puisse se reproduire. Cette vision a comme objectif particulier d'intéresser la population aux enjeux de la sécurité routière et de susciter des débats. La Vision zéro est une approche qui a fait consensus au sein de la population, du monde politique, de la presse écrite et électronique ainsi que des forces policières.

Cette nouvelle vision modifie totalement notre conception de la responsabilité : la sécurité sur les routes n'est pas seulement celle du conducteur, elle repose sur tous les acteurs liés de près ou de loin à un accident. Qui sont ces acteurs? Les constructeurs automobiles, les ingénieurs qui conçoivent les routes, les forces policières, les politiciens, les législateurs, les médias et le public.

Cette volonté s'est manifestée par la mise en place de plusieurs actions concrètes pour améliorer le bilan routier. Il s'en est suivi l'adoption d'une série de mesures, certaines déjà en application et d'autres qui attendent les progrès de la technologie. Parmi ces mesures, on retrouve des normes de construction d'automobiles plus sévères, des conceptions de routes palliant les erreurs éventuelles de leurs usagers, le contrôle électronique du permis de conduire afin de pouvoir démarrer le véhicule, un antidémarreur lié à la ceinture de sécurité, un antidémarreur éthylométrique qui s'assure que le conducteur du véhicule n'a pas un taux d'alcoolémie qui excède la limite permise par la loi et l'installation de limiteurs de vitesse adaptatifs dans tous les véhicules.

Le bilan routier de la Suède était en 2007 de 5,1 décès par 100 000 habitants, soit l'un des meilleurs au monde. À titre de comparaison, celui du Québec était en 2007 de 8,1 décès par 100 000 habitants. En 2008, toutefois, il est tombé à 7,2.

En adoptant une telle politique, la Suède est devenue un modèle pour l'ensemble des pays qui veulent améliorer leur bilan routier.

Et que tout le monde en parle!

Est-ce que les médias peuvent contribuer à l'amélioration du bilan routier? Oui, c'est indéniable! Chaque citoyen passe en moyenne une quarantaine d'heures par semaine devant son téléviseur en plus d'un grand nombre d'heures à s'informer en lisant la presse écrite, en écoutant la radio et en fouillant sur Internet. On a souvent tendance à croire ce qu'on entend et ce qu'on lit. Or, si en plus de rapporter les accidents de la route, les médias prenaient le temps d'expliquer les causes des accidents et surtout ce qu'il aurait fallu faire pour les éviter, le consommateur d'information aurait tendance à remettre en cause son propre comportement. Certains estiment que pour sensibiliser les conducteurs, on devrait être très explicite et transmettre les images des scènes d'accidents tragiques telles que les voient les premiers intervenants, soit les policiers et les ambulanciers. Cela pourrait ne pas être acceptable selon la bienséance : en effet, la réalité nous montrerait des images-chocs que le citoyen moyen n'est pas capable de regarder sans être complètement bouleversé.

Par ailleurs, on retrouve dans certains médias des propos réducteurs qui ignorent les données scientifiques en prétendant que la plupart des accidents de la route sont dus à l'état de nos routes, à l'entretien de la chaussée, etc. Il faut toutefois faire confiance à la lucidité du citoyen, lequel, la plupart du temps, est exposé à différentes sources d'information. Ainsi, au bout du compte, il sera tôt ou tard bien informé et choisira probablement d'améliorer son comportement sur les routes.

Le paradoxe des cours de conduite préventive et la théorie de l'homéostasie

Aurait-on avantage à encourager les automobilistes à prendre des cours de prévention spécialisés, par exemple sur la conduite hivernale? Pourquoi pas? *A priori*, dans une perspective de sécurité routière, cela pourrait sembler tout à fait pertinent, logique, voire hautement souhaité!

Pas tout à fait. Certes, les études[30] démontrent qu'en suivant de tels cours, le conducteur obtiendra en moyenne une amélioration de l'ordre de 5 % de ses habiletés de conduite dans le domaine ciblé (par exemple la conduite hivernale). C'est toujours ça de gagné, direz-vous! On pourrait alors envisager d'offrir des cours sur la conduite de nuit, la conduite d'une motocyclette, et ainsi de suite, l'idée étant de prémunir le candidat contre les difficultés pouvant venir perturber une conduite sécuritaire. Pas si simple, car il y a un hic! Les mêmes études démontrent également que fort d'un tel cours, le candidat prendra conscience de l'amélioration de ses habiletés, augmentera son niveau de confiance et sera donc plus enclin à augmenter sa prise de risque... de l'ordre de 30 %! Ainsi, celui ou celle qui aura suivi un cours sur la conduite hivernale deviendra plus téméraire au volant, prêt par exemple à s'engager de manière un peu plus agressive dans une courbe glissante, confiant que ses techniques fraîchement acquises l'aideront à mieux aborder la manœuvre. Cela représente un gain de 5 % pour une perte de 30 %. Somme toute, selon les études, on serait perdant avec les cours de conduite spécialisés!

Pour étayer notre propos de manière plus scientifique, référons-nous au concept de l'homéostasie du risque. Gerald J. S. Wilde, dans son ouvrage *Target Risk*[31], tente d'expliquer le comportement humain par rapport au risque. Sa théorie peut très bien s'appliquer à la sécurité routière. Selon lui, le fait que nos voitures soient de plus en plus sécuritaires (ceinture de sécurité en trois points, coussins gonflables, freins ABS, etc.) incite les automobilistes à courir davantage de risques. En fait, chaque individu se fixe inconsciemment un « niveau de risque » qu'il est prêt à supporter. S'il est au volant d'un « bazou », le conducteur moyen roulera moins vite, s'y prendra plus longtemps à l'avance pour freiner, et ainsi de suite. Par contre, s'il est au volant d'une voiture de l'année réputée pour sa sécurité, il se permettra quelques « écarts de prudence », convaincu qu'il ne se met pas plus en danger pour autant. Autrement dit, selon la théorie de Wilde, chaque conducteur identifie naturellement un certain niveau de risque, un risque cible, et il adapte son comportement au volant en conséquence.

Une étude sur les chauffeurs de taxi de Munich est à ce sujet fort révélatrice. En effet, une partie de la flotte de taxis de cette ville était équipée du système de freins ABS. On aurait pu penser que son taux d'accident était diminué, car ce système permet au conducteur, nous l'avons vu dans un chapitre précédent, d'être en meilleur contrôle de son véhicule en situation de freinage d'urgence. Selon la théorie de Wilde, par contre, les chauffeurs changeraient leur manière de conduire afin de rester fidèles à leur niveau de risque intrinsèque. Les chauffeurs de Munich ne savaient pas que leur comportement au volant était étudié et les chercheurs ne savaient pas s'ils observaient un taxi équipé ou non de freins ABS. L'analyse des résultats démontre que les chauffeurs dont le taxi était muni du système ABS négociaient leurs courbes de façon plus serrée, freinaient plus tard, étaient moins consciencieux quand venait le temps de conserver leur voie, etc. Cette étude corrobore la thèse de Wilde : les chauffeurs conduisant des véhicules avec des freins ABS se sentaient plus en sécurité.

Le défi de ceux qui font de l'éducation routière est donc d'amener chaque automobiliste à abaisser sa tolérance au risque individuel. Cela passe, entre autres, selon Wilde, par la stratégie de l'« expectationnisme », qui consiste à améliorer la perception qu'ont les gens de leur futur. Ainsi, en les amenant à entrevoir leur avenir de manière plus positive et plus concrète, on diminuerait leur prise de risque, car ils comprendraient alors mieux ce qu'ils pourraient perdre et ce qui pourrait leur échapper.

À titre d'exemple, Wilde cite une étude faite avec des motocyclistes québécois dans laquelle les individus qui entrevoyaient leur futur avec optimisme avaient perdu moins de points de démérite, avaient accumulé un nombre moindre d'accidents et observaient une attitude plus sécuritaire sur la route que les conducteurs plus pessimistes quant à leur avenir. Sur le Vieux Continent, en Allemagne, une compagnie de camionnage a décidé d'offrir à ses conducteurs des primes de 170 $ pour chaque période de six mois sans accident. Résultat : son taux d'accidents a diminué de 86 %. La clé du succès de telles opérations ne réside pas dans l'importance du montant, mais bien dans la poursuite d'objectifs qui amènent les conducteurs à se projeter dans le futur, aussi rapproché soit-il.

Connaissez-vous votre facteur de risque?

On a vu plus tôt que la probabilité pour un Québécois de devenir un blessé de la route au cours de sa vie était de 39 %. Ce calcul, rappelons-le, était basé sur le fait que la probabilité de faire partie des blessés de la route dans une année donnée est égale à 44 100/7 700 000, soit environ 0,57 %. Cette probabilité concerne tous les usagers de la route, incluant les piétons et les passagers des véhicules. Il est toutefois clair que si vous êtes un automobiliste, ce risque dépend grandement de votre comportement au volant. Aussi, il est évident que plus vous utilisez le réseau routier, plus ce risque est élevé. De même, si vous roulez vite ou si vous conduisez parfois après avoir consommé de l'alcool, vous augmentez considérablement la probabilité d'être impliqué dans un accident de la route. Votre âge, votre sexe et votre expérience sont également des facteurs qui, statistiquement, ont une incidence.

Créer un modèle mathématique qui tiendrait compte de tous ces facteurs et qui permettrait ainsi de prédire avec précision la probabilité d'être impliqué et blessé dans un accident de la route est probablement une tâche impossible à réaliser, car les marges d'erreur sont tout simplement trop grandes. Néanmoins, on peut tenter l'exercice et ainsi offrir une idée du niveau de risque que chacun encourt, selon son profil et ses habitudes de conduite, lorsqu'il s'installe au volant de son véhicule de promenade.

Nous introduisons donc le concept de « facteur de risque » qui se traduit par un nombre réel positif f_r, fonction de l'âge, du sexe, de l'expérience, du kilométrage annuel moyen parcouru, du nombre de contraventions reçues pour excès de vitesse et du nombre d'interceptions pour conduite avec les facultés affaiblies. Si ce facteur de risque f_r est inférieur à 1, c'est que vous êtes moins à risque que le conducteur moyen. Par contre, si f_r est supérieur à 1, c'est que vous êtes plus à risque que le conducteur moyen.

Voici donc la formule :

$$f_r = \frac{7}{1000} \frac{sk(i+1)^2 (1+c(c-1))\sqrt{v+1}}{a\sqrt{e}}$$

où

a = âge,

s = 3/2 si « masculin » ; 1 si « féminin »,

e = nombre d'années depuis l'obtention du permis de conduire,

k = kilométrage annuel moyen,

c = nombre d'accidents où une personne a été blessée au cours des 10 dernières années,

v = nombre de contraventions pour excès de vitesse au cours des 10 dernières années,

i = nombre d'interceptions pour conduite avec les facultés affaiblies au cours des 10 dernières années.

Voici quelques exemples :

(a) Un homme de 35 ans avec 10 années d'expérience de conduite automobile qui parcourt environ 20 000 kilomètres par année et qui n'a pas été intercepté pour excès de vitesse ni pour conduite avec les facultés affaiblies au cours des dix dernières années aura ainsi un facteur de risque de 1,897, ce qui veut dire qu'il est environ 1,9 fois plus à risque qu'un conducteur moyen.

(b) Un homme de 17 ans, avec une année d'expérience, roulant 10 000 kilomètres par année, avec un excès de vitesse à son actif, aura un facteur de risque de 8,73.

(c) Une femme de 50 ans, avec 20 années d'expérience de conduite, roulant 16 000 kilomètres par année, jamais interceptée par un agent de la paix, aura un facteur de risque de 0,5008, ce qui veut dire qu'elle est deux fois moins à risque que le conducteur moyen.

La roulette russe de l'automobiliste téméraire

On a vu dans la section « La probabilité de devenir une victime de la route » que chaque citoyen a une probabilité très élevée d'être blessé ou tué dans un accident de la route. Or, qu'en est-il d'un automobiliste dont le facteur de risque f_r est de 10 et non de 1 ? Cet automobiliste joue en quelque sorte à la roulette russe, mais avec peu de trous dans le barillet de son pistolet.

Expliquons. Dans une année donnée, en se basant sur le bilan routier de l'année 2008, le citoyen « ordinaire » a une probabilité de 44 100/7 700 000 d'être une victime de la route. Le conducteur plus téméraire, dont le facteur de risque f_r est égal à 10, comparé à 1 pour le conducteur moyen, a donc une probabilité égale à 441 000/7 700 000 d'être une victime de la route dans une année donnée. C'est pourquoi la probabilité qu'il ne soit pas une victime de la route dans cette même année est égale à 1 - 441 000/7 700 000. Que cela se reproduise, année après année, à partir du moment où il obtient son permis de conduire, disons à 17 ans, jusqu'à l'âge de 86 ans, c'est-à-dire qu'il ne soit jamais une victime de la route, est égale à

$$\left(1 - \frac{441\,000}{7\,700\,000}\right)^{70} \approx 0,016$$

Ainsi, pour ce conducteur, la probabilité d'être une victime de la route est d'environ 98,4 %. En reprenant le même raisonnement pour connaître la probabilité pour cet automobiliste de perdre la vie dans un accident de voiture au cours de sa carrière périlleuse de conducteur, on obtient une probabilité de 40 % !

La mission impossible des forces policières

La promotion d'un comportement responsable appuyée par une législation adéquate et renforcée par des contrôles policiers constitue le modèle le plus efficace pour réduire le nombre de victimes sur les routes. En particulier, la présence policière est une composante importante dans toute stratégie d'intervention en sécurité routière. Ainsi, l'amélioration appréciable du bilan routier qu'a connue le Québec depuis 2007 est en grande partie due au travail des agents de la Sûreté du Québec et des corps policiers municipaux. Bien que chaque citoyen comprenne que l'action policière est nécessaire pour assurer le respect des lois et ainsi maintenir l'ordre public, il n'en demeure pas moins que le travail des policiers fait souvent l'objet de critiques, souvent injustifiées.

Le moins qu'on puisse dire, c'est que le rôle des corps de police est délicat. Ils ont la double mission de servir et de protéger leurs concitoyens. Par conséquent, il arrive fréquemment qu'ils soient sur la corde raide. Leurs marges d'erreur et de manœuvre sont souvent très minces, et le temps qu'ils ont pour réagir l'est tout autant. De surcroît, la charge de travail des forces policières ne cesse d'augmenter dans un monde où on légifère de plus en plus, et ce, sans pour autant conférer aux agents de la paix les moyens nécessaires pour appliquer ces nouvelles lois. C'est là la mission impossible des policiers.

Prenons par exemple le dossier épineux des poursuites policières. L'agent qui décide d'entreprendre une poursuite lorsqu'un conducteur refuse d'immobiliser son véhicule entreprend une manœuvre à risques, c'est évident. Par contre, si les policiers renonçaient systématiquement à poursuivre les conducteurs fautifs, non seulement la population décrierait cette nouvelle approche, mais il y a aussi fort à parier qu'on verrait les méfaits se multiplier rapidement! La décision d'agir ou non revient donc aux policiers et ils n'ont qu'une fraction de seconde pour entrer en action. *Damn if you do damn if you don't*, disent les anglophones.

Mieux vaut prévenir que guérir : c'est également vrai dans le domaine du respect des lois. Ainsi, alors qu'auparavant l'action des policiers sur le terrain était essentiellement de nature répressive, ils sont maintenant de plus en plus engagés dans des activités préventives et sont donc proactifs, tantôt dans les écoles, tantôt dans des lieux publics. Ce juste équilibre entre la sensibilisation et la répression semble être devenu la norme dans le rôle de l'agent de la paix.

CHAPITRE 5

Écologie
et transport alternatif

Les avantages des voitures électriques et hybrides

On a vu à la page 11 que la voiture électrique était au début du XXe siècle plus populaire que la voiture à essence. Par contre, à la fin du dernier siècle, les voitures électriques ne représentaient même pas 0,1 % du parc automobile. En ce début du XXIe siècle, l'environnement est devenu un enjeu majeur, si bien que la voiture électrique pourrait faire un retour spectaculaire. Il suffit d'observer l'engouement actuel pour la voiture hybride, dont plusieurs doutaient de la popularité il y a à peine trois ans, pour comprendre que la voiture électrique est promise à un bel avenir. De fait, la liste des avantages qu'offre la voiture électrique par rapport à la voiture à essence a de quoi faire rêver[32] :

1. Propreté
   - Aucune émission d'hydrocarbures ou de fumée.
   - Toutes les composantes de la batterie sont 100 % recyclables.
2. Économie
   - Aucune consommation d'essence.
   - Les batteries se rechargent pendant les phases de décélération.
3. Fiabilité
   - Durée de vie d'au moins un million de kilomètres.
   - Dépenses d'entretien de 30 % à 40 % inférieures à celles d'une voiture traditionnelle.

4. L'agrément de conduite
- Le démarrage se fait toujours au quart de tour, même en hiver.
- Comme il n'y a pas d'embrayage, le moteur ne cale jamais.
- Le moteur est parfaitement silencieux.

Mais qu'est-il donc advenu de la voiture électrique?

Jusqu'à la Première Guerre mondiale, environ le tiers des automobiles en circulation roulaient à l'électricité, mais comme l'autonomie des voitures électriques était alors d'à peine 80 kilomètres, la voiture à essence est devenue de plus en plus populaire. Les stations d'essence se multipliaient, alors que les bornes vouées à l'alimentation électrique disparaissaient peu à peu. L'utilisation de la voiture électrique se limitait alors aux taxis et aux camions de livraison qui avaient peu de kilomètres à parcourir. Elle a cependant fait un retour en 1995, quand General Motors a commencé à la produire en série, mais son manque d'autonomie a fait en sorte que General Motors a soudainement décidé, en 2003, de mettre fin à sa production.

Dans un documentaire intitulé *Qui a tué la voiture électrique?*, diffusé à la télévision de Radio-Canada, on a présenté la liste des « suspects », soit la liste des responsables de la disparition de la voiture électrique. Ceux-ci sont :
- L'industrie pétrolière, qui a mené un lobby intense auprès de politiciens et a propagé de fausses informations auprès du public pour démolir le concept de la voiture électrique.
- L'industrie automobile, pour laquelle la venue de la voiture électrique remettait en cause ses pratiques industrielles.
- Les consommateurs, qui se sont laissé berner par les arguments des constructeurs automobiles et des grandes compagnies pétrolières.
- Le gouvernement, qui s'est laissé manipuler par les magnats des industries de l'automobile et du pétrole.

- Les batteries utilisées pour les voitures électriques (qu'on accusait, à tort, de ne pas assurer une puissance et une viabilité à la voiture pour les longues distances).

Cela dit, GM n'a peut-être pas dit son dernier mot : la Volt, qui aura une autonomie de 1 000 km, pourrait très bien changer le cours de l'histoire... dès 2011 !

L'écologie au service de la sécurité routière

Dans le plan d'action 2006-2012 du gouvernement du Québec sur les changements climatiques dévoilé en juin 2006, une clause prévoit l'activation des limiteurs de vitesse sur tous les véhicules lourds circulant au Québec, une initiative que l'industrie du camionnage avait par ailleurs déjà approuvée. Plus précisément, tous les véhicules lourds de 11 794 kg (26 000 lb) et plus ont maintenant l'obligation de fixer leur limiteur de vitesse à 105 km/h. Ainsi, cette industrie contribue à améliorer la sécurité sur les routes du Québec et à réduire les émissions de gaz à effet de serre, puisqu'on estime que chaque camion économisera en moyenne 8 500 litres de carburant par année, ce qui représente pour le Québec une économie de l'ordre d'un milliard de litres, soit environ un douzième de toute la consommation de carburant de l'ensemble du parc automobile du Québec. Un gain pour l'environnement, mais aussi un gain évident pour la sécurité routière !

Roulez moins vite et devenez riche !

Votre meilleur ami vous raconte qu'il s'est vu accorder une augmentation de salaire de 2 %, semble-t-il pour avoir rendu un précieux service à son patron ! Son salaire annuel passe ainsi de 40 000 $ à 40 800 $. Bien sûr, après les déductions, cette augmentation de 800 $

ne se traduira en réalité que par 600 $ de plus dans ses poches. Tout de même! Le chanceux! Voilà qui ne pourrait vous arriver, car comme vos conditions de travail sont régies par une convention collective, une telle augmentation est impossible. Dommage!

Question de ne pas faire de jaloux, votre ami vous fait miroiter une option qui vous permettra d'empocher vous aussi un montant de 600 $ au cours de la prochaine année. En effet, connaissant vos habitudes de conduite et sachant plus particulièrement que vous avez le « pied pesant », il vous fait la démonstration que si vous décidiez de respecter les limites de vitesse tant en ville que sur les autoroutes, vous pourriez réaliser une économie de 20 % en carburant. En effet, comme vous parcourez environ 30 000 kilomètres par année et que votre voiture consomme 10 litres d'essence aux 100 kilomètres, votre nouveau comportement au volant fera en sorte que vous achèterez 600 litres d'essence de moins par année, ce qui se traduira par une économie de 600 $. Vous voilà donc aussi chanceux que votre copain, sauf que cette chance, c'est vous qui allez la créer! En plus, vous diminuerez votre risque d'être impliqué dans un accident avec blessés!

Êtes-vous un adepte de l'« hyperkilométrage »?

On vient de voir que l'automobiliste qui décide de respecter les limites de vitesse peut faire des économies remarquables. Certains automobilistes ont quant à eux des comportements encore plus écologiques, mais pour des raisons politiques. Faites-vous partie des automobilistes qui éteignent leur moteur aux feux de circulation, qui roulent tout juste sous la limite de vitesse et qui n'utilisent pas leur climatiseur, tout ça dans le but d'économiser de l'essence et de moins polluer l'environnement? Si oui, vous êtes un adepte de l'« hyperkilométrage »!

En 2001, après l'attentat sur les deux tours du World Trade Center, Wayne Gerdes a décidé qu'il fallait diminuer notre consommation d'essence afin de ne plus encourager les producteurs de pétrole du Moyen-Orient. Il a créé le site cleanmpg.com, lequel est dédié à l'éducation des automobilistes quant aux techniques d'économie d'essence, et ce, peu importe le type de voiture qu'ils conduisent, le tout de manière tout à fait sécuritaire. Voici quelques trucs que l'on retrouve sur ce site :

- sur l'autoroute, rouler aux alentours de 90 ou 100 km/h;
- freiner le moins possible, car on gaspille inutilement de l'énergie en freinant;
- adopter une accélération de 5 km/sec^2, au lieu de 25 km/sec^2 comme la plupart des automobilistes;
- éteindre le moteur pour tout arrêt qui excède 7 secondes;
- maintenir la pression d'air dans les pneus au niveau suggéré par le constructeur;
- éviter de rouler par temps froid;
- éviter de mettre le climatiseur en marche : son utilisation peut augmenter votre consommation d'essence de 5 à 30 %.

Le transport en commun

C'est à un mathématicien et philosophe qu'on doit l'invention du transport en commun. En effet, Blaise Pascal (1623-1662) voulait offrir aux pauvres un moyen de locomotion. Il a donc obtenu en 1662, sous le règne de Louis XIV, le privilège de fonder une entreprise de carrosses publics pour l'exploitation de cinq parcours. Tout ce qui caractérise le transport en commun urbain d'aujourd'hui était essentiellement contenu dans l'entreprise de Pascal, soit des itinéraires fixes, des horaires fixes, avec toujours la même fréquence, un tarif abordable et enfin l'obligation pour l'usager de fournir la monnaie exacte.

Le Québec s'inscrit parmi les régions les plus performantes de l'Amérique du Nord en matière de transport en commun. Voici d'ailleurs quelques-uns des faits saillants d'un document de l'Association du transport urbain du Québec (ATUQ)[33] :

- Le transport en commun s'impose comme une solution économique pour les ménages du Québec. Il constitue un moyen abordable de se déplacer quotidiennement. Si on le compare à la voiture individuelle, il est environ neuf fois moins cher comme option de transport.

- Le transport en commun permet de réduire la consommation de ressources non renouvelables telles que l'essence. Il permet aussi de diminuer l'émission de gaz à effet de serre et ainsi de lutter contre le réchauffement climatique. En effet, du jour au lendemain, si le transport en commun cessait ses activités et que les déplacements devaient s'effectuer en automobile, ce sont plus de 800 000 litres d'essence, soit l'équivalent de 5 000 barils de pétrole, qui seraient utilisés en plus quotidiennement. Ceci équivaudrait à l'émission de 1 950 tonnes de CO_2 par jour, soit 2 037 allers-retours Paris-Montréal!

- Puisque le transport en commun permet d'éviter que des déplacements ne s'effectuent à l'aide d'un véhicule privé, il contribue à réduire la circulation et, donc, la pression sur le réseau routier.

- Le transport en commun joue un rôle social important, car il assure à plus de 90 % des ménages résidant dans les régions urbaines une option de transport à moins de 500 mètres de leur lieu de résidence. Dans certains secteurs urbains, c'est pratiquement tous les résidents (soit 99 %) qui peuvent accéder à au moins un arrêt de transport en commun à moins de cinq minutes de marche.

- Le transport en commun permet à plus de 663 000 personnes de se déplacer quotidiennement de façon plus économique, plus écologique, plus sécuritaire et plus bénéfique pour la santé qu'en utilisant une voiture individuelle.

- Le transport en commun permet de faire de l'activité physique. Chaque jour, ce sont 1 240 millions de pas qui sont effectués par les usagers des sociétés de transport. Ainsi, bien que ce ne soit pas son objectif principal, le transport en commun s'avère un moyen efficace de lutter contre le fléau de l'obésité.

Enfin, comme les transports publics sont généralement plus sécuritaires et plus écologiques que le transport individuel, de plus en plus de municipalités ont des voies réservées pour les autobus et les taxis. Il s'agit là d'une initiative appréciée par tous les usagers de la route, qu'ils fassent usage du transport en commun ou non.

CHAPITRE 6

L'avenir et les innovations

Que nous réserve l'avenir? Le nombre de décès sur nos routes continuera-t-il à diminuer? Si oui, est-ce que ce sera parce que les automobilistes, les cyclistes et les piétons auront accepté de partager la voie publique dans la plus grande harmonie? Peut-être!

Certes, nos routes seront conçues pour favoriser le transport en commun ainsi que le transport actif (vélo et piétons).

Dans tous les cas, il faudra faire preuve d'innovation. Les zones de rencontre (voir page 47) sont un bel exemple d'aménagement routier qui favorise le transport actif tout en laissant une certaine place aux véhicules motorisés.

Un autre bel exemple d'innovation dans le domaine de l'environnement routier est le carrefour giratoire. En effet, les carrefours giratoires limitent les risques de collisions, car ils font en sorte que les automobiles qui empruntent le tournant roulent dans le même sens, ce qui incite les conducteurs à ralentir et limite considérablement les angles de collisions possibles. De surcroît, ces infrastructures favorisent le partage du réseau par les piétons, les cyclistes et les véhicules. Ainsi, un carrefour bien conçu contribuera à la sécurité et à l'efficacité d'un bon réseau routier, ainsi qu'à en augmenter la capacité (voir le *Guide canadien de conception géométrique des routes*, page 2.3.1.1.). Les collisions à angle droit sont souvent graves. Or, si le plus important est d'éviter les accidents avec blessures corporelles graves, l'emploi d'un carrefour giratoire est une solution à envisager pour obtenir de meilleurs résultats.

Le carrefour giratoire, une solution innovatrice

Un carrefour giratoire est un aménagement comprenant une, deux ou trois voies de circulation entourant un îlot central. L'invention de cet aménagement revient à l'architecte français Eugène Hénard qui, en 1906, a conçu l'espace routier entourant l'Arc de Triomphe à Paris, communément appelé « place de l'Étoile ».

La circulation dans ces voies se fait dans le sens antihoraire. Les usagers qui veulent s'engager dans ce type de carrefour doivent céder le passage aux véhicules qui y circulent déjà. Ce faisant, il n'y a pas d'autoblocage de l'anneau et la circulation est fluide à l'intérieur de ce dernier.

Comme la majorité des carrefours giratoires se trouvent en agglomération, la vitesse maximale y est habituellement de 50 km/h, ce qui présuppose que les automobilistes doivent réduire leur vitesse à l'approche du carrefour. Ils le feront naturellement, car ils savent qu'autrement, ils seront incapables de négocier le virage lors de leur entrée dans le carrefour.

Le carrefour giratoire est un aménagement routier que l'on voit apparaître de plus en plus, surtout dans les nouveaux quartiers. Bien qu'il ait comme principal avantage de réduire le nombre de collisions à angle droit – les plus meurtrières –, il oblige également les automobilistes qui s'y engagent à réduire leur vitesse.

Source : ministère des Transports

De plus, à l'approche d'un carrefour giratoire, soit environ 50 mètres avant celui-ci, les automobilistes doivent céder le passage aux piétons.

Outre celui de la « place de l'Étoile », c'est au Royaume-Uni qu'on voit apparaître vers le milieu des années 1960 les premiers carrefours giratoires. Le principe fut ensuite adopté en France à compter de 1984. Aujourd'hui, on retrouve en France environ 30 000 carrefours giratoires, soit environ la moitié de tous les carrefours giratoires de la planète. Au Royaume-Uni, qui est pourtant l'un des premiers utilisateurs du concept, on n'en compte qu'environ 10 000.

Dans les années 1970, voyant le succès du Royaume-Uni, plusieurs pays ont emboîté le pas, soit l'Australie, la Nouvelle-Zélande et, finalement, les États-Unis. Depuis 2001, dans les faubourgs d'Indianapolis, on a construit 50 carrefours giratoires. En sept ans, ce nouvel environnement routier a amené une réduction de 78 % des accidents avec blessés dans l'État d'Indiana (voir *Time Magazine*, septembre 2008), ainsi qu'une économie de carburant de 91 000 litres par année, et ce, pour chacun des carrefours giratoires. On compte maintenant aux États-Unis environ 500 carrefours giratoires, soit principalement dans les États du Colorado, du Wisconsin, de Washington, de l'Oregon, de l'Utah et du Michigan.

Au Québec, on en est encore aux balbutiements. Néanmoins, il y avait, en date du 11 juin 2009, 31 carrefours giratoires sur le territoire géré par le ministère des Transports du Québec, alors qu'il y en avait 18 sur le réseau municipal. Une vingtaine d'autres sont en construction sur les deux réseaux[34].

Pourquoi les carrefours giratoires fonctionnent-ils?

- Comme les voitures circulent toutes dans la même direction, on élimine les collisions à angle droit, soit celles qui font le plus de victimes.
- La déflexion à l'entrée du carrefour force l'automobiliste à réduire sa vitesse, ce qui contribue à diminuer la gravité de la collision lorsqu'elle survient.
- Comme il n'y a généralement pas de feux de circulation, il y a moins de retards sur la route, ce qui réduit le degré de frustration et d'agressivité des conducteurs.

- Comme il y a moins d'arrêts et d'accélérations subits, il y a réduction du bruit, d'émissions de polluants et il y a une économie en essence, ce qui représente un gain important pour l'environnement.

Les radars photo

Tel qu'il est rapporté dans l'étude *La gestion de la vitesse*, publiée en 2006 par l'OCDE[35], « dans un monde idéal, avec des limitations de vitesse logiques et crédibles, des routes lisibles, une signalisation cohérente et une bonne information aux usagers sur les conséquences des vitesses inappropriées et les raisons d'être des limitations, le contrôle-sanction ne serait guère nécessaire. Dans ce monde, la grande majorité des conducteurs choisirait de respecter les limitations. Mais ce monde idéal n'existe pas (encore). » Le contrôle-sanction dont il est question dans cette citation est ce que l'on appelle chez nous les radars photographiques. Comme l'indique cette étude, l'implantation de ces appareils est essentielle en matière de sécurité routière compte tenu des résultats majeurs qu'ils apportent.

Prenons l'exemple de la Grande-Bretagne, dont le bilan routier fait l'envie de plusieurs pays européens : 5,0 décès par 100 000 habitants, comparativement à 7,2 pour le Québec (données de 2008). Comme tous les pays qui peuvent se targuer d'avoir un excellent bilan routier, la Grande-Bretagne utilise les radars photographiques pour ralentir l'ardeur de ses conducteurs délinquants. Une étude[36] couvrant les années 2001 à 2004 a montré que sur les sites équipés de radars, le nombre de tués et de blessés graves a baissé de 42 % et le nombre d'accidents avec dommages corporels, de 22 %. De plus, on a enregistré une réduction de 6 % de la vitesse moyenne, une réduction de 30 % du nombre de véhicules en excès de vitesse et une réduction de 43 % du nombre de véhicules roulant à plus de 15 km/h au-dessus de la limite affichée.

En France, les résultats sont encore plus probants. Les premiers radars ont été implantés en novembre 2003. Alors qu'il y avait plus de 7 700 décès sur les routes de la France en 2002, on n'en comptait que 4 443 en 2008. Or, on attribue 75 % de cette amélioration à l'implantation des radars photographiques[37].

Aujourd'hui, plus de 70 administrations sur la planète ont adopté cette technologie. Son potentiel de réduction du nombre de décès est indéniable, mais il y a une autre raison qui fait en sorte que ces appareils ne doivent pas être perçus comme des moyens de gonfler les coffres de l'État. En effet, dans les pays où l'utilisation des radars photographiques a réellement contribué à une amélioration du bilan routier, on signale et on annonce leur emplacement, on réinvestit les montants récoltés par les amendes dans la sécurité routière et on informe la population des retombées positives de leur utilisation sur le bilan routier. Tel est le modèle mis en place au Québec depuis 2009.

Comme quoi les avancées technologiques peuvent contribuer à une plus grande sécurité sur nos routes, encore faut-il en faire un usage intelligent et concerté!

Les voitures et les routes intelligentes

L'expérience démontre qu'on ne peut pas toujours faire confiance aux automobilistes pour éviter les accidents, ce pourquoi les ingénieurs s'efforcent d'élaborer des systèmes qui viendront pallier les erreurs des conducteurs.

En effet, un nombre considérable d'accidents de la route se produit parce que le conducteur a mal évalué les dangers auxquels sa vitesse excessive l'exposait, par exemple en abordant une courbe plutôt prononcée. Dans une telle situation, un système intelligent pourrait avertir, voire assister l'automobiliste, avant qu'il n'ait de sérieux ennuis.

Bientôt, des capteurs pourront détecter le fait qu'un automobiliste a un taux d'alcool le rendant inapte à conduire un véhicule. On appelle déjà ce dispositif un antidémarreur éthylométrique passif (à ne pas confondre avec l'antidémarreur éthylométrique actif, soit celui que doit faire installer dans son véhicule le conducteur qui n'a pas le droit de conduire à la suite d'une arrestation pour facultés affaiblies par l'alcool). Un tel dispositif passif sera normalement installé dans tous les nouveaux véhicules en Suède dès 2013.

De même, des capteurs pourront bientôt déceler les signes d'endormissement et avertir le conducteur fatigué qu'il est sur le point de s'endormir au volant. *Saspence*, une invention européenne, est un système d'aide à la conduite qui suggère au conducteur quelle vitesse et quelle distance de sécurité il doit maintenir, selon les obstacles situés sur la route. Un tel système a recours à des capteurs de courte et de longue portées, ainsi qu'à une caméra qui surveille constamment la ligne blanche. Le système utilise un GPS qui fournit des informations à l'ordinateur de bord. Grâce à un modèle mathématique, l'ordinateur informe, au besoin, l'automobiliste sur les manœuvres à effectuer. Si nécessaire, l'ordinateur prendra même le contrôle de la pédale d'accélération ou du frein. Autant de dispositifs qui pourraient bientôt être installés comme équipements standards dans le véhicule de monsieur et de madame Tout-le-monde.

Le premier objectif de la route intelligente, comme d'ailleurs du véhicule intelligent, est d'éliminer les risques provenant de l'imprudence ou de la négligence des conducteurs. En effet, le comportement humain est de loin la principale cause des accidents de la route. Présentement, de nouveaux matériaux sont à l'étude pour corriger les moments d'inattention des automobilistes. Ainsi, on pourra bientôt avertir le conducteur, par un changement de couleur, du fait que le sol est glacé. Déjà, au Québec, on retrouve le long de certaines routes des détecteurs de véhicules en détresse.

Des détecteurs qui alertent les usagers

Bandes rugueuses longitudinales

Atténuateur d'impact

Détecteur de véhicules en détresse (DVD)

Source : ministère des Transports

Dans un futur certes plus lointain, les chercheurs imaginent la possibilité de créer un revêtement « intelligent » qui reconnaîtrait la trajectoire erratique d'un véhicule dont le conducteur aurait perdu la maîtrise, et qui, par conséquent, se ramollirait pour l'aider à immobiliser son véhicule.

L'objectif de tous ces dispositifs n'est pas de remplacer le conducteur, mais plutôt de l'assister et de pallier ses moments d'inattention.

Il existe aussi d'autres structures qui, de manière plus globale, contribuent à la santé du réseau de transport au Québec. On les appelle les systèmes de transport intelligents.

Les systèmes de transport intelligents

Le ministère des Transports du Québec a de plus en plus recours aux systèmes de transport intelligents. Un exemple? Le nouveau service Québec 511 Info Transports.

Le 511 est décrit comme un portail intégré d'information multimodal (c'est-à-dire qu'il peut être utilisé de différentes façons), convivial et accessible à la fois par téléphone et par le Web (www.quebec511.gouv.qc.ca). L'intérêt de ce service est de réunir au même endroit toutes les informations pertinentes concernant les événements ponctuels, les conditions routières et les travaux routiers. On peut même connaître le temps d'attente aux postes frontaliers et s'informer sur l'état du service des traversiers. Résultat : le Québec 511 permet aux utilisateurs du réseau de transport québécois de planifier leurs déplacements plus efficacement et de manière plus sécuritaire.

Les systèmes de transport intelligents, comme bien des nouvelles technologies appliquées, ont plusieurs avantages. En plus d'aider les gestionnaires à réaliser des gains concrets pour l'environnement, ils favorisent la fluidité de la circulation et, fait bien important, ils contribuent à réduire le temps d'intervention en cas d'urgence, facilitant les déplacements des personnes et des marchandises. De fait, il est évident que connaître l'état du réseau routier en temps réel est un facteur qui contribue à l'efficacité des secours[38].

Du coussin gonflable à la ceinture gonflable!

Dommage que vous soyez assis sur la banquette arrière! En effet, en cas d'accident, il n'y aura aucun coussin gonflable devant vous pour vous protéger. Vous êtes inquiet? Rassurez-vous. Bientôt, vous pourrez monter à l'arrière d'un véhicule et la ceinture de sécurité que vous bouclerez en sera une gonflable.

Il est prévu que cette ceinture, conçue par les ingénieurs de Ford, soit présente sur les modèles 2011. Comme le rapportait Richard Russell dans l'édition du 5 janvier 2010 du *Globe and Mail*[39], la ceinture gonflable sera particulièrement bénéfique pour les personnes ayant une structure squelettique fragile, comme les enfants et les personnes âgées.

L'effet recherché est le même que pour le coussin gonflable : répartir les forces produites au moment de l'impact sur une surface plus grande. Ainsi, plutôt que de subir une force considérable sur une ceinture étroite qui s'enfoncerait dans votre abdomen ou votre cage thoracique, la ceinture gonflable, une fois déployée, couvrira une surface cinq fois plus grande. Le mécanisme de cette nouvelle ceinture est similaire à celui du coussin gonflable. En effet, des capteurs placés à des endroits stratégiques enclenchent le gonflement de la ceinture moins de quatre centièmes de seconde après l'impact, un intervalle de temps amplement suffisant pour protéger le passager avant que la ceinture ne compresse son abdomen ou sa cage thoracique.

Les passagers de la banquette arrière vont-ils vraiment vouloir boucler cette nouvelle « ceinture techno » ? Fort probablement, car plus de 90 % des participants aux tests de recherche ont trouvé cette ceinture plus confortable que la ceinture traditionnelle. C'est dire que cette avancée technologique leur plaira certainement.

« Chinoiserie » piétonnière

Vous êtes un piéton modèle. Sans doute ! Vous enfoncez donc le bouton qui est sensé activer le feu pour piétons. Un long moment se passe et vous vous demandez si votre tour viendra ! Vous vous impatientez et traversez à vos risques et périls pour finalement constater que le feu pour piétons s'allume alors que vous êtes rendu à mi-chemin. Avoir su, vous auriez attendu, n'est-ce pas ?

Pour prévenir ces situations dangereuses, la Chine a innové en concevant un dispositif qui indique aux piétons le temps qu'il leur reste à attendre avant d'avoir le feu vert pour traverser. En fait, l'installation ressemble à celle qu'on utilise maintenant au Québec : lorsque c'est le moment pour le piéton de traverser, un décompte de 25 ou 20 ou 15 secondes s'amorce. Toutefois, lorsqu'on arrive à zéro, un triangle rouge, une sorte de sablier, apparaît et se vide progressivement. Ainsi, le piéton est incité à patienter, car il peut évaluer le temps qu'il lui reste à attendre avant de pouvoir traverser en toute sécurité.

Il y a fort à parier que cette initiative sera imitée par différentes administrations qui verront là une manière relativement facile d'harmoniser le partage de la voie publique.

Québec innove !

Les Québécois peuvent être fiers des individus et des regroupements qui ont innové en matière d'environnement routier, de transport écologique et de sécurité routière, et dont les idées ont marqué l'histoire. En voici quelques exemples :

- **La signalisation symbolique** : Au début du XXe siècle, la plupart des panneaux de signalisation routière étaient des écrits. À toutes fins utiles, il fallait faire la lecture des panneaux pour savoir quel geste poser. En 1923, J. Omer Martineau, employé du ministère des Transports du Québec, a eu l'idée originale de créer des panneaux pictographiques, car, après tout, « une image vaut mille mots ». Il est ainsi devenu l'instigateur de la signalisation symbolique, adoptée en 1949 à Genève par l'ensemble de la planète !
- **L'invention de la ceinture de sécurité** : En 1903, le Canadien Gustave-Désiré Lebeau déposait un brevet pour des bretelles protectrices pour l'automobile. Il s'agissait d'une innovation qui allait sauver un million de vies humaines. C'est en 1959 qu'a toutefois été inventée par le Suédois Nils Bohlin (Volvo) la ceinture de sécurité actuelle à trois points de fixation.

- **Le service d'écolobus** : En 2008, Québec devenait la première ville en Amérique à offrir un service gratuit de minibus électriques baptisés Écolobus. Depuis juin 2008, dans l'arrondissement du Vieux-Québec, huit de ces véhicules sont en fonction. Entre autres retombées positives, le projet entraînera une diminution de consommation de carburant de 67 500 litres par année ainsi qu'une réduction importante du bruit.
- **Le marquage des lignes jaunes et blanches** : Chaque année, on applique sur les routes du Québec 3,5 millions de litres de peinture. Dans une perspective de lutte à la pollution atmosphérique, le MTQ a maintenant élaboré une peinture qui a moins d'effets néfastes sur l'environnement. D'une peinture alkyde qui dégage des solvants nocifs dans l'atmosphère, soit des composés organiques volatils (COV), on est passé en 2009 à une peinture à l'eau de laquelle on a enlevé 70 % des COV. Or, ce dont est particulièrement fière l'équipe des professionnels du MTQ, menée par Michel Tremblay, c'est de l'élimination complète des chromates de plomb, une poudre qui, en plus d'être toxique, détériore l'environnement. Le Québec est ainsi la première province canadienne à innover de cette manière en matière de protection de l'environnement.
- **Opération Nez rouge** : En 1984 est né à Québec un service de chauffeurs privés gratuit offert durant la période des fêtes aux automobilistes qui ne se sentaient pas en état de conduire leur véhicule. Il s'agissait d'une initiative du Club de natation Rouge et Or de l'Université Laval, du Service de police de la Ville de Québec et de la station radiophonique CHRC. Depuis sa création, Opération Nez rouge s'est répandue au-delà des frontières de la ville de Québec : elle est maintenant présente partout au Québec, dans huit provinces canadiennes ainsi qu'en Suisse, en France et au Portugal. Au Canada, le fonctionnement d'Opération Nez rouge est assuré par la participation de près de 50 000 bénévoles. En plus de rendre les routes plus sécuritaires,

Opération Nez rouge remet annuellement plus de 1,3 million de dollars à 120 organismes de jeunes liés au sport amateur.

- **Les campagnes de courtoisie au volant :** À l'instar de pays tels que la Belgique, le Québec a mis sur pied des campagnes de sensibilisation pour favoriser la courtoisie au volant. Un sondage mené en 2008 par la SAAQ au Québec a révélé que 87 % des titulaires de permis de conduire sont d'avis que le manque de courtoisie sur la route est un problème important au Québec. Sur la route, le « chacun-pour-soi » n'a pas sa place. Le respect et le savoir-vivre sont de mise pour aider tous les usagers du réseau routier à partager la route. Souhaitons que ces campagnes donnent de bons résultats, puisque, en définitive, l'idée est de rendre les déplacements plus sécuritaires, agréables et surtout plus COURTOIS!

Que prédit la boule de cristal?

« Prévoir est difficile, surtout quand il s'agit de l'avenir! » entend-on parfois. Néanmoins, certains scénarios se dessinent pour le XXIe siècle.

Certes, nos élus vont continuer à soutenir le développement du transport collectif et l'aménagement d'espaces de mieux en mieux conçus pour les piétons et cyclistes, et ce, en ayant comme souci premier la protection de l'environnement. Par ailleurs, nos véhicules et nos routes se verront dotés de nouvelles technologies de pointe qui contribueront à accroître la sécurité. Ces innovations vont, à elles seules, venir pallier faiblesses et délinquances des conducteurs. Néanmoins, afin de garantir la sécurité pour tous, une dimension repose toujours sur les épaules de chacun : le respect de soi et celui d'autrui. Somme toute, l'interaction harmonieuse entre les usagers n'est-elle pas le principal gage de la réussite en matière de sécurité sur nos routes?

QUESTIONNAIRE SUR LA SÉCURITÉ ROUTIÈRE

Vous vous croyez bon conducteur? Vous pensez connaître à fond le Code de la sécurité routière? Vous avez bien lu ce livre? Testez vos connaissances en répondant aux 20 questions ci-dessous. Calculez ensuite vos points en utilisant le corrigé de la page 129. Vous pourriez être surpris.

1. Quel est le pourcentage d'accidents mortels qui surviennent à moto alors qu'aucun autre véhicule que la motocyclette n'est impliqué?
    A- 7 %
    B- 22 %
    C- 41 %

2. Vous êtes en voiture et vous suivez un cycliste. Que devez-vous faire?
    A- Le coller de près pour l'obliger à rouler sur l'accotement.
    B- Klaxonner pour signaler votre présence.
    C- Empiéter sur la voie de gauche pour le dépasser.

3. Un automobiliste s'apprête à virer à droite sur un feu rouge. Au même moment, un cycliste arrive à sa hauteur, mais il hésite à franchir l'intersection. Qui a la priorité de passage?
    A- L'automobiliste
    B- Le cycliste
    C- Ni l'un ni l'autre, car seuls les piétons ont la priorité de passage

4. Un automobiliste s'apprête à tourner à droite à un feu rouge, manœuvre autorisée dans de nombreuses villes du Québec. Au même moment, une personne qui se trouve devant un feu vert se prépare à traverser cette intersection non munie d'un feu pour piétons. Qui a la priorité de passage dans ce cas?
   A- L'automobiliste
   B- Le piéton
   C- Le premier à s'être engagé

5. De combien de kilomètres faudrait-il diminuer la vitesse moyenne de circulation des véhicules pour réduire de 15 % le nombre de blessés et de décès sur nos routes?
   A- 15 km/h
   B- 25 km/h
   C- 5 km/h

6. Quelle drogue illicite retrouve-t-on le plus fréquemment, après analyse, dans le sang des victimes de la route?
   A- Le cannabis
   B- L'ecstasy
   C- La cocaïne

7. Les drogues altèrent notre capacité de conduire. Lequel des effets suivants n'est pas attribuable à la consommation de cannabis?
   A- Difficulté à se concentrer, donc à rester attentif à ce qui se passe sur la route.
   B- Difficulté à maintenir une trajectoire en ligne droite.
   C- Adoption de comportements à haut risque, comme celui de conduire trop vite.

8. Les médicaments peuvent-ils modifier notre façon de conduire?
   A- Les médicaments prescrits n'ont pas d'impact sur la conduite automobile.

B- Certains médicaments prescrits ou en vente libre peuvent affaiblir nos facultés et diminuer ainsi notre capacité de conduire.

C- Seule la consommation de médicaments combinée à celle d'alcool peut modifier dangereusement notre façon de conduire.

9. Après combien d'heures d'éveil la concentration et les réflexes d'une personne diminuent-ils?

A- Après 10 heures d'éveil

B- Après 14 heures d'éveil

C- Après 17 heures d'éveil

10. La plupart des personnes ont besoin de 7 à 8 heures de sommeil pour récupérer. Combien d'heures de manque de sommeil doivent-elles avoir cumulé, d'après vous, pour que leur conduite automobile soit considérée comme détériorée?

A- 2 heures

B- 5 heures

C- 8 heures

11. À 70 km/h, quelle distance faudra-t-il à un conducteur pour arrêter son automobile?

A- La moitié d'un terrain de football

B- La longueur d'un autobus

C- La longueur de son automobile

12. En roulant à 120 km/h au lieu de 100 km/h, dans quelle proportion augmente-t-on sa consommation d'essence?

A- 20 %

B- 10 %

C- 5 %

13. Une collision qui se produit à 75 km/h équivaut à tomber d'un édifice de combien d'étages?
A- 12 étages
B- 7 étages
C- 3 étages

14. D'après vous, l'utilisation d'un téléphone mains libres au volant représente-t-elle un moins grand danger que celle d'un téléphone portable?
A- Il est moins dangereux d'utiliser un téléphone mains libres qu'un téléphone portable en conduisant.
B- Il est plus dangereux d'utiliser un téléphone mains libres qu'un téléphone portable en conduisant.
C- L'utilisation des deux types de téléphones lorsqu'on est au volant représente un danger en soi.

15. Comparativement à la ceinture de sécurité, le système universel d'ancrage qui retient un siège d'auto pour enfant à la banquette arrière est-il sécuritaire?
A- Ce système est moins sécuritaire que la ceinture de sécurité.
B- Ce système est plus sécuritaire que la ceinture de sécurité.
C- Ce système est aussi sécuritaire que la ceinture de sécurité.

16. À quel moment un enfant doit-il être placé dans un siège d'auto orienté vers l'avant, c'est-à-dire dans le sens de la circulation?
A- Dès qu'il est capable de se tenir debout seul, sans aide.
B- Dès qu'il peut pousser sur la banquette du véhicule avec ses pieds.
C- Dès que sa tête dépasse le haut de son siège d'auto.

17. À quel âge les examens médicaux deviennent-ils obligatoires pour les conducteurs?
A- À 65 ans.
B- À 75 ans, à 80 ans et tous les deux ans par la suite.
C- Tous les trois ans à partir de 75 ans.

18. Quels types d'accidents de la route les conducteurs de 65 ans et plus font-ils le plus fréquemment?
   A- Ils ont une collision quand les conditions météorologiques sont défavorables.
   B- Ils heurtent un arbre.
   C- Ils ont une collision en effectuant un virage à gauche non protégé.

19. Étant donné que tout ce qui se passe dans les angles morts d'un camion lourd échappe à l'attention du conducteur, que devez-vous faire lorsque votre véhicule s'y trouve?
   A- Ne pas tenir compte du camion, puisque vous roulez dans votre voie.
   B- Quitter cette zone le plus tôt possible afin d'être vu du conducteur.
   C- Ralentir ou accélérer.

20. Que représente le fait de conduire un véhicule pour les titulaires d'un permis de conduire, peu importe leur âge?
   A- Un droit.
   B- Un privilège.
   C- Une simple activité quotidienne parmi bien d'autres.

Réponses et explications

1. Réponse : C

Dans 41 % des accidents mortels de moto, la motocyclette se retrouve seule sans autre véhicule impliqué dans l'accident. La grande majorité de ces accidents surviennent dans une courbe et la vitesse en est la cause principale. Il est donc important pour le motocycliste de bien maîtriser les techniques de conduite et de respecter les règles de la circulation et les limites de vitesse.

2. Réponse : C

Le Code de la sécurité routière autorise le conducteur d'une voiture à franchir une ligne continue ou discontinue pour dépasser un tracteur de ferme, un véhicule routier muni d'un panneau avertisseur de circulation lente ou une bicyclette, s'il peut effectuer cette manœuvre sans danger.

3. Réponse : B

À un virage à droite à un feu rouge, un automobiliste doit céder le passage aussi bien aux cyclistes qu'aux piétons déjà engagés dans l'intersection ou qui sont sur le point de s'y engager.

4. Réponse : B

Un piéton a toujours priorité sur un automobiliste à un feu pour piétons, à un feu vert en présence ou non d'une signalisation pour piétons, et ce, peu importe l'intersection dans laquelle il s'engage.

5. Réponse : C

Il est reconnu que réduire de 5 km/h sa vitesse moyenne fait diminuer de beaucoup le nombre de victimes de la route (voir la section « Pas si vite, mon oncle! »). Si tout un chacun respectait les limites de vitesse, il y aurait moins de blessures et de décès attribuables à ce type d'accidents.

6. Réponse : A

Le cannabis est la drogue illicite la plus consommée au Québec, comme à peu près partout dans le monde. Une étude de la SAAQ portant sur des conducteurs décédés révèle que 13,1 % d'entre eux avaient pris du cannabis, 9,2 % une benzodiazépine et 4,7 % de la cocaïne. Conduire sous l'effet du cannabis constitue un réel danger. Plus encore si on a aussi consommé de l'alcool. Ce mélange fait augmenter considérablement le risque d'être impliqué dans un accident mortel.

7. Réponse : C

Aussi étrange que cela puisse paraître aux non-consommateurs, un conducteur sous l'effet du cannabis aura tendance à réduire sa vitesse plutôt qu'à l'augmenter. Comme le cannabis affecte le système nerveux central, il entraîne d'autres effets, à savoir :
- La défaillance de facultés, telles la coordination et la perception ;
- L'augmentation du temps de réaction ;
- La difficulté de rouler à une vitesse constante et d'évaluer les distances ;
- L'impossibilité de faire face aux imprévus.

8. Réponse : B

Certains médicaments entraînent des effets indésirables sur la conduite automobile : somnolence, perte de vigilance, troubles de la vision, vertiges ou ralentissement des réflexes. Aussi faut-il s'abstenir de mélanger alcool et médicaments quand on a l'intention de conduire.

Il faut redoubler de vigilance non seulement en lisant attentivement les avis et les recommandations sur les emballages, mais aussi en s'informant auprès de son médecin ou d'un pharmacien des effets possibles des médicaments sur la conduite automobile.

9. Réponse : C

Il est reconnu qu'après 17 heures d'éveil les facultés cognitives et motrices d'une personne décroissent considérablement. Les effets de la fatigue sur un conducteur qui n'a pas dormi depuis 19 heures correspondent à une teneur d'alcool dans le sang de 0,05 g. Par conséquent, ses réactions sont ralenties d'approximativement 50 % et la précision de ses gestes est amoindrie.

10. Réponse : A

Un manque de sommeil de 2 heures suffit pour détériorer les facultés cognitives et motrices d'une personne. Rien d'étonnant alors de constater que, dans 50 % des cas d'accidents de la route liés à la fatigue, les conducteurs avaient dormi moins de 6 heures la veille. En fait, 32 % des Nord-Américains dorment moins de 6 heures par jour.

11. Réponse : A

En tenant compte des conditions routières favorables (chaussée sèche, route en ligne droite, etc.) et d'un temps de réaction moyen, un automobiliste parcourra une distance correspondant à la moitié d'un terrain de football avant que son véhicule ne s'immobilise. Aussi bien le temps de réaction que le freinage du véhicule comptent pour 50 % de la distance d'arrêt lorsqu'on roule à 70 km/h.

12. Réponse : A

Plus on roule rapidement, plus on brûle de l'essence, c'est bien connu. En respectant les limites de vitesse, on économise donc de l'argent.

13. Réponse : B

Le choc subi correspond à celui d'une chute d'un édifice de 7 étages. N'oublions pas que la vitesse au volant aggrave de beaucoup les blessures infligées lors d'un accident de la route. En réalité, le risque d'être gravement blessé ou tué augmente du double entre 50 km/h et 75 km/h et il quadruple entre 50 et 100 km/h. Un choc subi à 50 km/h équivaut à tomber dans le vide d'un édifice de 3 étages, mais à 100 km/h, il se compare à une chute de 12 étages.

14. Réponse : C

Le problème ne provient pas du type de téléphone qu'on utilise en conduisant, mais plutôt de la nature de la conversation qu'on a avec son interlocuteur. Plus une discussion se prolonge et devient stressante ou émotive, moins on arrive à se concentrer sur ce qui se passe sur la route.

15. Réponse : C

Tous les modèles de véhicules nouvellement construits et mis en vente depuis le mois de septembre 2002 sont munis du système universel d'ancrage appelé ISOFIX/LATCH. Ces barres d'ancrage servent à bien fixer les sièges d'enfants sur la banquette arrière, comme le permettent les ceintures de sécurité installées dans les véhicules moins récents. À vrai dire, les deux systèmes d'ancrage sont efficaces, mais le nouveau facilite l'installation de ces sièges.

16. Réponse : A

C'est seulement lorsqu'un enfant peut se tenir debout tout seul, en général vers 12 mois, qu'on peut tourner son siège d'auto vers l'avant. À cet âge, son ossature est suffisamment solide pour supporter la pression des courroies du harnais en cas de collision frontale et les muscles de son cou sont assez forts pour retenir le poids de sa tête.

17. Réponse : B

Les personnes de 65 ans et plus aux prises avec des problèmes de santé constatent souvent par elles-mêmes que leur capacité de conduire a diminué. C'est pourquoi le Code de la sécurité routière précise que celles qui ont atteint 75 ans doivent passer un examen médical avant de pouvoir renouveler leur permis de conduire.

18. Réponse : C

Les statistiques démontrent que les conducteurs âgés de 65 ans et plus se distinguent de l'ensemble de la population pour ce qui est des types d'accidents qu'ils font. Habituellement, ces accidents surviennent le jour, sur une surface sèche et à une intersection lors d'un virage à gauche. En outre, plusieurs véhicules sont impliqués.

19. Réponse : B

Par angles morts, on entend les zones de la route que le conducteur d'un véhicule lourd ne peut voir. Ces zones, au nombre de quatre, sont situées à l'avant, tout près du conducteur, ainsi qu'à l'arrière du véhicule. Il faut donc s'en éloigner, sinon les probabilités qu'une collision se produise augmentent considérablement.

20. Réponse : B

Contrairement à la croyance populaire, conduire un véhicule n'est pas un droit, mais un privilège. Il s'agit en effet d'une activité complexe qui se déroule dans un environnement non moins complexe. Pour être un bon conducteur et assurer sa propre sécurité et celle des autres, il faut être en bonne santé, tant physique que mentale, et posséder non seulement de bonnes connaissances en matière de conduite automobile, mais aussi des techniques efficaces. Est-il utile d'ajouter qu'il faut adopter en tout temps un comportement sécuritaire sur les routes?

Interprétation des résultats

Nombre de bonnes réponses	Votre niveau de connaissance de la sécurité routière
0 à 10	☹
11 à 17	😐
18 et plus	☺

Ces questions et réponses se retrouvent dans le Quiz sur la sécurité routière de la Société de l'assurance automobile du Québec. Vous pourrez retrouver le questionnaire complet à l'adresse suivante : http://www.saaq.gouv.qc.ca/quiz/securite/fr/questionnaire.php.

BIBLIOGRAPHIE

1. SCHÄFER, A. (2009). « Les pièges du volant », *Cerveau &
   Psycho.*

2. POTTER, P. E. (2006). « The Effects of Trait Driving Anger,
   Anonymity, and Aggressive Stimuli on Aggressive Driving
   Behavior », *Journal of Applied Social Psychology*, vol. 11,
   n° 2, p. 431-443.

3. TOROYAN, T. et M. Peden (éditeurs) (2007). *Les jeunes et la
   sécurité routière*, Genève, Organisation mondiale de la santé,
   49 p.

4. CHAPELON, J. (2008). *La politique de sécurité routière.
   Derrière les chiffres, des vies*, Lavoisier.

5. *Premier rapport de la Table québécoise de la sécurité
   routière*, juin 2007.

6. VÉLO-QUÉBEC ASSOCIATION (2006). *L'état du vélo au
   Québec en 2005*, Montréal, 119 p.

7. ASHTON, S. J. (1981). « Pedestrian injuries: The influence of
   vehicule design », dans H. C. Foot et autres, *Road Safety
   Research and Practice*, Praeger.

8. SAAQ (2008). Bilan routier 2008, Québec, consulté en ligne : http://www.saaq.gouv.qc.ca/prevention/bilan_routier_2008/ deces_lourds.php.

9. FULTON BAKER, R. (1971). *The highway risk problem : policy issues in highway safety*, Wiley-Interscience, 175 p.

10. VANDERBILT, T. (2008). *Traffic: Why we drive the way we do (and what it says about us)*, Knopf.

11. BELLAVANCE, F., D. Larocque, C. Laberge-Nadeau, U. Maag, I. Traoré et A. Saïdi (2002). *Estimation de la contribution du port de la ceinture de sécurité à la réduction du nombre de décès au Québec*, Centre de recherche sur les transports (CRT-2002-31), Université de Montréal, 157 p.

12. Fondation de recherches sur les blessures de la route au Canada, www.tirf.ca.

13. MILNOR, J. (1998). «John Nash and "A Beautiful Mind"», *Notices of the American Mathematical Society*, vol. 45, n° 10, p. 1329-1332.

14. STRAYER, D., et autres (2006). « A comparison of the cell phone driver and the drunk driver», *Human Factor*, vol. 48, n° 2, p. 381-391.

15. LABERGE-NADEAU, C., U. Maag, F. Bellavance, D. Desjardins, S. Messier et A. Saïdi (2001). *Les téléphones mobiles/cellulaires et le risque d'accidents (Rapport final)*, Centre de recherche sur les transports (CRT-2001-03), Université de Montréal, 138 p.

16. LABERGE-NADEAU, C., J.-F. Angers, F. Bellavance, S. Lapierre, R. Latour, U. Maag, S. Messier et D. Desjardins (2004). *Usage de la téléphonie mobile au volant et le dossier de conduite (Rapport final)*, Centre de recherche sur les transports (CRT-2004-04), Université de Montréal, 157 p.

17. INSTITUT NATIONAL DE SANTÉ PUBLIQUE DU QUÉBEC (2007). *Avis de santé publique sur les effets du cellulaire au volant et recommandations*, Québec, 117 p.

18. JOKSCH, H. C. (1993). « Velocity Change and Fatality Risk in a Crash », *Accident Analysis and Prevention*, vol. 25, n° 1, p. 103-104.

19. BOURDEAU, G. (1988). *La vitesse : rêve et réalité*, AGPM, 98 p.

20. ASSOCIATION MONDIALE DE LA ROUTE (AIPCR) (2003). *Manuel de sécurité routière*, AIPCR/PIARC, 604 p.

21. TRANSPORTS CANADA (2009). Publications de la sécurité des routes et des véhicules automobiles, http://www.tc.gc.ca/fra/securiteroutiere/ tp-tp13082-abs2_f-215.htm#distance.

22. MAYHEW, D. R., et al. (1986) *Youth, Alcohol and Relative Risk of Crash Involvement*, Ottawa, Traffic Injury Research Foundation of Canada, p. 273-286.

23. MOSKOWITZ et autres (2000). *Driver Characteristics and Impairment at Various BACs*, U.S. Department of Transportation, National Highway Traffic Safety Administration.

24. SAAQ (2009). Questionnaire sur la sécurité routière / Drogues et médicaments, http://www.saaq.gouv.qc.ca/quiz/securite/fr/questionnaire.php.

25. BRIDGESTONE (2007). Pression d'air, http://www.safetyatheart.eu/.

26. TRAFTEN, A. (2009). « Mathematicians take aim at 'phantom' traffic jams », *MIT TechTalk*, vol. 53, n° 28, p. 1 et 7.

27. *La Recherche*, décembre 2008, p. 92.

28. KLOEDEN, C. N., A. J. McLean, V. M. Moore et G. Ponte (1997). *Travelling Speed and the Risk of Crash Involvement*, Report CR 172, Federal Office of Road Safety, Canberra, 72 p.

29. LÉGER MARKETING (2008). *Rapport d'étude sur la perception des Québécois relativement à la sécurité routière par Léger Marketing*, Québec.

30. KATILA, A., E. Keskinen, et M. Hatakka (1996). « Conflicting Goals of Skid Training », *Accident Analysis and Prevention*, vol. 28, p. 785-789.

31. WILDE, G. J. S. (1994). *Target Risk*, Toronto, PDE Publications, 234 p.

32. Terre en Santé. Pour des êtres en santé, http://www.terreensante.com.

33. ATUQ (2008). *Le transport collectif : un outil indispensable du développement durable des villes du Québec*, 16 p.

34. MINISTÈRE DES TRANSPORTS DU QUÉBEC (2002).
    Le carrefour giratoire : un mode de gestion différent,
    Gouvernement du Québec, 145 p.

35. ORGANISATION DE COOPÉRATION ET DE DÉVELOPPEMENT
    ÉCONOMIQUES (2006). *La gestion de la vitesse.*

36. DELANEY, A., H. Ward, et M. Cameron (2005). *The History
    and Development of Speed Camera Use, Report No. 242*,
    Monash University Accident Research Center, Australia,
    56 p.

37. OBSERVATOIRE NATIONAL INTERMINISTÉRIEL DE
    SÉCURITÉ ROUTIÈRE (ONISR) (2006). *Impact du contrôle
    sanction automatisé sur la sécurité routière (2003-2005)*,
    87 p.

38. MINISTÈRE DES TRANSPORTS DU QUÉBEC (2009).
    *Les principales réalisations ministérielles en matière de
    développement durable - Synthèse, p. 24.*, consulté en ligne :
    http://www.mtq.gouv.qc.ca/portal/page/portal/Librairie/
    Publications/fr/ministere/dev_dur/real_min_synthese.pdf

39. RUSSELL, R. (2010). « The "Belt Bag" protects precious rear
    occupants », *Globe and Mail*, 5 janvier 2010.

INDEX

Alcool au volant, 29, 48, 68, 81, 100, 117
Antidémarreur, 18, 117
Aquaplanage, 80
Assurance automobile, 19
Avion, 86

Bicyclette, 32
Bilan routier, 22
Blessé de la route, 24
Bohlin, Nils, 76, 122

Carrefour giratoire, 114
Ceinture de sécurité, 76
Ceinture gonflable, 120
Cellulaire au volant, 54
Code de la route, 20
Coussins gonflables, 18
Cours de conduite, 97
Cycliste, 32

Drogues, 77

Écolobus, 123
Écologie, 107
Effet tunnel, 66

Électrique (voiture), 13, 123
Énergie cinétique, 48, 60
Engorgement, 82
Équilibre de Nash, 52
États-Unis, 25

Facteur de risque, 100
Facultés affaiblies, 29, 48, 68, 81, 100, 118
Fatigue au volant, 81
Feux pour piétons, 121
Forces policières, 103
Freinage, 64

GPS, 18, 118

Hamilton-Baillie, Ben, 47
Homéostasie du risque, 97
Hybride, 105
« Hyperkilométrage », 108

Innovations, 113
Intuition, 85

Jenatzy, Camille, 13
Jeunes, 27, 30, 68, 124

Lebeau, Gustave-Désiré, 122
Limiteur de vitesse, 39

Mains libres, 56
Marche avec les facultés
    affaiblies, 74
Marquage des lignes, 123
Martineau, J. Omer, 122
Mathématiques, 52, 82
Médecine, 43
Médias, 96
Ministère des Transports du
    Québec, 5, 20, 22, 115,
    120, 122
Motocyclette, 31

Nash, John, 52

Obésité, 110
Opération Nez rouge, 21, 29,
    68, 123

Piéton, 32, 47, 53, 60, 62, 66,
    74, 87, 114, 121, 122
Pneus, 78
Probabilité, 34, 46, 61, 100

Radar photo, 28, 49, 50, 90,
    116

SAAQ, 21, 29, 37, 39, 68, 71,
    74, 77, 81, 88, 90
Saspence, 118
Shared space, 47

Signalisation symbolique, 122
Systèmes de transport
    intelligents, 120

Téléphone cellulaire, 54
Téléphone portable, 54
Théorie des jeux, 52
Transports Canada, 44, 81
Transport en commun, 109

Véhicules lourds, 37
Vélo en libre-service, 36
Victimes, 24, 46
Vieux, 30
Vision périphérique, 49, 66, 88
Vision zéro, 95
Vitesse, 18, 26, 28, 35, 47, 61,
    63, 66, 76, 81, 101, 107, 114,
    115
Volt, 107

Zone de rencontre, 47, 113